Una mente curiosa

El secreto para una vida más completa

Brian Grazer
Charles Fishman

Una mente curiosa

El secreto para una vida más completa

EDICIONES OBELISCO

Si este libro le ha interesado y desea que le mantengamos informado
de nuestras publicaciones, escríbanos indicándonos qué temas son de su interés
(Astrología, Autoayuda, Ciencias Ocultas, Artes Marciales, Naturismo,
Espiritualidad, Tradición…) y gustosamente le complaceremos.

Puede consultar nuestro catálogo en www.edicionesobelisco.com

Colección Psicología
UNA MENTE CURIOSA
Brian Grazer
Charles Fishman

1.ª edición: marzo de 2017

Título original: *A Curious Mind*

Traducción: Joana Delgado
Corrección: *Sara Moreno*
Maquetación: *Compaginem S. L.*
Diseño de cubierta: *Enrique Iborra*

© 2015, Brian Grazer
Publicado por acuerdo con el editor original, Simon & Schuster Inc.
(Reservados todos los derechos)
© 2017, Ediciones Obelisco, S. L.
(Reservados los derechos para la presente edición)

Edita: Ediciones Obelisco, S. L.
Collita, 23-25. Pol. Ind. Molí de la Bastida
08191 Rubí - Barcelona - España
Tel. 93 309 85 25 - Fax 93 309 85 23
E-mail: info@edicionesobelisco.com

ISBN: 978-84-9111-196-2
Depósito Legal: B-5.914-2017

Printed in Spain

Impreso en España en los talleres gráficos de Romanyà/Valls S.A.
Verdaguer, 1 - 08786 Capellades (Barcelona)

Para mi abuela Sonia Shwartz.

Desde que era un crío, mi abuela se tomaba muy en serio cada pregunta que yo hacía. Me enseñó a considerarme a mí mismo como una persona curiosa, un regalo que me ha sido útil cada día de mi vida.

INTRODUCCIÓN

Una mente curiosa y un libro curioso

....

No tengo ningún talento especial. Tan sólo soy apasionadamente curioso.

ALBERT EINSTEIN[1]

PARECE UNA BUENA IDEA empezar un libro sobre la curiosidad con una pregunta obvia:

¿Qué hace un tipo como yo escribiendo un libro sobre la curiosidad?

Soy productor de cine y televisión. Vivo inmerso en el epicentro del mundo del espectáculo más densamente poblado del mundo: Hollywood. Cualquier imagen que tengas de un típico productor hollywoodense, yo la cumplo a buen seguro. Con frecuencia tenemos en producción diez o más películas y programas de televisión, y el trabajo consiste en reunirse con actores, escritores, directores, músicos. Las llamadas de teléfono de agentes, productores, jefes de estudio y estrellas del espectáculo empiezan bastante antes de que llegue a mi despacho, y con frecuencia me siguen en el coche hasta casa. Corro a los estudios de rodaje, controlo los remolques y voy a los estrenos con alfombra roja.

Mis días son frenéticos, sobrecargados de trabajo, a veces frustrantes, pero por lo general son muy divertidos, nunca me aburren.

Pero no soy un periodista, ni un catedrático. Tampoco soy un científico. No llego a casa por la noche y me pongo a investigar temas de psicología en plan pasatiempo secreto.

Soy un productor hollywoodense.

Así pues, ¿qué *hago* escribiendo un libro sobre la curiosidad?

Pues sin curiosidad nada de eso habría ocurrido. Más que la inteligencia, la perseverancia o los contactos, la curiosidad ha sido lo que me ha permitido vivir la vida que deseaba vivir.

La curiosidad me da la energía y la percepción para hacer todo lo que hago. Me encanta el mundo del espectáculo y me encanta contar historias, pero mucho antes de que me gustara el mundo del cine ya me gustaba ser curioso.

Para mí, la curiosidad infunde a todo un sentido de verosimilitud. En la curiosidad está, de manera literal, la clave de mi éxito, y también la clave de mi felicidad.

Y, aun así, a pesar de la gran importancia que ha tenido en mi vida, cuando miro a mi alrededor no veo que la gente hable de ella, escriba sobre ella, la fomente ni la utilice tanto como podría hacerlo.

La curiosidad ha sido la cualidad más valiosa, la fuente más importante, el motor de mi vida. Considero que la curiosidad debería ser una parte muy importante de nuestra cultura, de nuestro sistema educativo, de nuestros lugares de trabajo, como lo son conceptos como «creación» e «innovación».

Por eso decidí escribir un libro acerca de la curiosidad. Ella mejoró mi vida (y lo sigue haciendo), y también puede mejorar la tuya.

❧ ❧

ME LLAMAN productor —yo mismo me llamo así—, pero lo que soy en realidad es un narrador de historias. Hace un par de años, empecé a pensar en la curiosidad como en un valor que deseaba compartir, una cualidad que deseaba inspirar en los demás. Y pensé que lo que realmente me gustaría es sentarme a contar unas cuantas cosas sobre lo que la curiosidad ha significado para mí.

Me gustaría contar historias acerca de cómo la curiosidad me ha ayudado a hacer películas. Me gustaría contar historias acerca de cómo la curiosidad me ha ayudado a ser mejor jefe, mejor amigo, mejor hombre de negocios, mejor anfitrión.

Me gustaría contar historias a cerca de la pura dicha que ofrece la curiosidad ilimitada. Ése es el tipo de dicha que tenemos cuando somos niños y aprendemos cosas simplemente porque somos curiosos. De adultos, podemos seguir haciéndolo, y seguirá siendo divertido.

La manera más eficaz de trasmitir esas historias, de ilustrar el poder y la versatilidad de la curiosidad, es escribirlas.

Y eso es lo que tienes ahora entre las manos. Formé equipo con el periodista y escritor Charles Fishman, y durante dieciocho meses mantuvimos dos o tres veces conversaciones por semana, fueron más de cien charlas, todas ellas sobre la curiosidad.

Sé muy bien lo importante que ha sido la curiosidad en mi vida. Como verás en los siguientes capítulos, hace tiempo descubrí cómo utilizar metódicamente la curiosidad para contar historias, hacer buenas películas, aprender de otros sitios del mundo muy alejados de Hollywood. Una de las cosas que he hecho durante treinta y cinco años ha sido sentarme y conversar con gente ajena al mundo del espectáculo: «conversaciones animadas por la curiosidad» con personas inmersas en todo tipo de cosas, desde la física de partículas a las etiquetas sociales.

Pero nunca convertí mi curiosidad en tema de curiosidad, de modo que me he pasado los dos últimos dos años pensando en ella, preguntando sobre ella, tratando de comprender cómo funciona.

En el transcurso de esa exploración y análisis, durante el proceso de esquematización y disección de su anatomía, descubrimos algo interesante y sorprendente a la vez. Existe un espectro de la curiosidad como existe el espectro de la luz. La curiosidad se presenta en diferentes matices e intensidades en diferentes finalidades.

La técnica es la misma: hacer preguntas, independientemente del tema, la misión, la motivación y el tono varía. La curiosidad de un detective intentando resolver un asesinato es muy diferente de la de un arquitecto tratando de conseguir la planta adecuada para una casa familiar.

El resultado es, ciertamente, un libro un tanto inusual. Está narrado en primera persona, en la voz de Brian Grazer, porque la trama central se basa en mi vida y en mi trabajo.

De modo que en parte el libro es un retrato mío, aunque de hecho es más bien un retrato de la curiosidad en sí.

La curiosidad me ha llevado a una vida de viajes. Y hacer preguntas acerca de la curiosidad en sí durante estos dos últimos años ha sido uno de los más fascinantes.

Y ésta es una de las cosas que sé sobre la curiosidad: es democrática. Puede utilizarla todo el mundo, en cualquier lugar, a cualquier edad y con cualquier nivel de cultura.

Un recordatorio del poder silencioso de la curiosidad lo tenemos en que aún quedan países en el mundo en los que hay que tener mucho cuidado a la hora de dirigir la curiosidad hacia alguien. Ser curioso en Rusia ha resultado fatal, serlo en China puede llevarte a la cárcel.

Pero aunque tu curiosidad se vea reprimida, nunca la pierdes. Siempre está en funcionamiento, esperando ser desatada.

El objetivo de *Una mente curiosa* es muy simple: quiero mostrarte lo valiosa que puede ser la curiosidad, y recordarte asimismo lo divertida que es. Quiero mostrarte cómo la uso yo y cómo puedes usarla tú.

La vida no consiste en encontrar las respuestas, sino en hacerse preguntas.

CAPÍTULO UNO

La curiosidad no tiene cura

··

La cura del aburrimiento es la curiosidad. La curiosidad no
tiene cura.

DOROTHY PARKER[1]

UN JUEVES POR LA TARDE, el verano siguiente a mi graduación en la
USC (Universidad de Carolina del Sur), estaba sentado en mi apartamento de Santa Mónica con las ventanas abiertas pensando cómo
podría conseguir algo de trabajo antes de empezar a estudiar Derecho
en la USC en otoño.

De repente, desde los ventanales, vi a dos chicos hablando. Uno
decía:

«¡Madre mía!, yo, en Warner Brothers, tenía el trabajo más fácil del
mundo, me pagaban ocho horas diarias y por lo general sólo trabajaba
una hora al día».

Aquel chico me llamó la atención. Abrí un poco más la ventana
para no perderme el resto de la conversación y corrí las cortinas con
cuidado. El muchacho siguió explicando que había estado trabajando
de asistente legal. «Hoy ha sido mi último día de trabajo. Mi jefe se
llamaba Peter Knecht».

Me quedé estupefacto. Aquel trabajo parecía perfecto para mí, me fui derecho al teléfono, marqué el 411,[2] y pedí el número de centralita de Warner Brothers, aún lo recuerdo, el 954-6000.[3]

Llamé y pregunté por Peter Knecht. Me respondió una empleada de su oficina y le dije: «En otoño empiezo a estudiar Derecho en la USC, me gustaría citarme con el señor Knecht para hablar del puesto de asistente que ha quedado libre».

El señor Knecht se puso al teléfono y me dijo: «¿Puedes venir mañana a las tres de la tarde?». Nos vimos el viernes a las 3 y a las 3,15 ya me había contratado. El lunes empecé a trabajar en Warner Brothers.

En aquel momento no me di cuenta, pero aquel día de verano de 1974 me acababan de suceder dos cosas extraordinarias. En primer lugar, mi vida acababa de cambiar para siempre. Cuando aquel lunes me presenté a trabajar me dieron un despacho sin ventanas del tamaño de un armario ropero. En aquel momento, empecé el trabajo de mi vida. Desde aquella diminuta oficina me uní al mundo del espectáculo, nunca trabajé en ninguna otra cosa.

Me di cuenta de que aquel jueves por la tarde la curiosidad me había salvado del apuro. Soy curioso desde siempre, cuando era niño acribillaba a mi madre y a mi abuela con preguntas, y algunas me las contestaban, pero otras no.

Ya de chiquillo, la curiosidad formaba parte de la manera en que me enfrentaba al mundo a diario. Mi tipo de curiosidad no ha cambiado demasiado desde entonces, cuando escuchaba a escondidas a los chicos del bloque donde vivía. De hecho, no ha cambiado desde que era un inquieto muchacho de doce años.

La curiosidad que yo tengo consiste en ir a veces con los ojos bien abiertos, y a veces en ser un poco travieso. Muchas de las mejores cosas que me han pasado en la vida se deben a la curiosidad. Y otras veces la curiosidad me ha ocasionado problemas.

Pero aunque a veces me haya ocasionado problemas, han sido unos problemas interesantes.

La curiosidad nunca me ha decepcionado. Nunca me he arrepentido de hacer la siguiente pregunta, por el contrario, la curiosidad me ha abierto muchas veces de par en par las puertas de la oportunidad. He conocido a gente sorprendente, he hecho grandes películas, grandes amigos, he tenido unas aventuras totalmente inesperadas, e incluso me he enamorado, pues hacer preguntas no me da la menor vergüenza.

Aquel primer trabajo en los estudios de la compañía Warner Bros., era exactamente como el diminuto despacho que ocupaba: limitado y descorazonador. Mi cometido era sencillo: tenía que entregar los documentos y el contrato definitivo a las personas con las que Warner Bros., estaba negociando. Eso era todo. Me daban unos sobres con los documentos y las direcciones donde debía ir y salía para allá.

Me llamaban «el asistente legal», pero en realidad era un recadero. En esa época yo tenía un viejo BMW 2002, uno de aquellos sedanes de dos puertas que parecía estar echado hacia delante. Era un coche de color vino tinto, y me pasaba el día conduciéndolo por todo Hollywood y Beverly Hills, entregando montones de papeles importantes.

Enseguida vi lo único realmente interesante de aquel trabajo: la gente a la que entregaba los papeles. Esas personas eran la élite, la gente más poderosa y glamurosa del Hollywood de los años setenta, escritores, directores, productores, artistas. Sólo había un problema: la gente así siempre tiene asistentes o secretarias, porteros o amas de llaves.

Si tenía que hacer ese trabajo no podía perderme la parte más interesante de él. Yo no quería conocer a las amas de llaves, yo quería conocer a la gente importante. Me despertaban curiosidad.

Así que inicié una táctica. Al presentarme decía al intermediario, al secretario, al portero o a quien fuera, que para que la entrega fuera «válida» tenía que entregar los documentos directamente a la persona a la que iban dirigidos.

Iba a la ICM, la mayor agencia de artistas, a entregar contratos a Sue Mergers,[4] la mayor agente de los años setenta, que representaba a Barbara Streisand y Ryan O'Neal, Candice Bergen y Cher, Burt Reynolds y Ali MacGraw. ¿Qué cómo hacía para reunirme con Mengers? Pues le decía a la recepcionista: «El único modo de que la señora Mengers reciba esto es que yo se lo entregue personalmente». Entonces me hacía pasar sin preguntarme nada más.

Si la persona a la que iban dirigidos los documentos no estaba allí, simplemente me daba media vuelta y me iba. El muchacho que sin saberlo me había pasado aquel trabajo tenía razón: me pasaba allí el día, pero no trabajaba demasiado.

Así fue como conocía a Lew Wasserman, el jefazo tipo duro de los estudios MCA, y a su socio, Jules Stein.

Así conocía William Peter Blatty, el guionista de *El exorcista*, y también a Billy Friedkin, el director y ganador del Óscar de la película.

Entregué contratos en mano a Warren Beatty en el Hotel Beverly Wilshire.

Yo sólo tenía veintitrés años, pero era curioso. Y enseguida aprendí que no sólo podía conocer a toda aquella gente, sino que además podía sentarme a hablar con ella.

Les entregaba los documentos con amabilidad y deferencia, y como era la época de los setenta, siempre me decían: «¡Pasa, toma una copa! ¡Venga, tómate un café!».

Aprovechaba esos momentos para saber un poco de ellos, a veces para que me dieran algún consejo profesional. Nunca les pedía trabajo. Nunca les pedía nada, en realidad.

Enseguida me di cuenta de que el mundo del espectáculo era mucho más interesante que la Facultad de Derecho; de modo que lo dejé, hubiera sido un abogado malísimo, y me quedé en aquel trabajo todo un año, hasta el verano siguiente.

Fíjate qué curioso: durante todo aquel año, nadie destapó mi engaño, nadie me dijo: «Oye, muchacho, deja el contrato en la mesa y vete de aquí. No tienes por qué ver a Warren Beatty».

Conocí a todas las personas a las que entregué documentos.

Del mismo modo en que la curiosidad me había dado aquel trabajo, también hizo del trabajo en sí algo maravilloso.

Los hombres y las mujeres a los que entregué sus contratos cambiaron mi vida. Me mostraron una manera de contar historias que no conocía, y empecé a pensar que yo llevaba un narrador en el corazón. Me proporcionaron la plataforma para producir películas como *Splash, Apolo 13, American Gangster, Luces de viernes noche* y *Una mente maravillosa.*

En aquel año como ayudante legal sucedió algo igualmente importante. Fue el año en que empecé a apreciar activamente el auténtico poder de la curiosidad.

Si creciste en la década de los cincuenta o los sesenta, sabrás que en esa época ser curioso no estaba considerado exactamente una virtud.

En las clases obedientes y ordenadas de la era Eisenhower era más bien algo irritante. Yo era curioso, claro, pero era algo así como usar gafas. La gente se daba cuenta, pero no me ayudaba a que me eligieran para formar parte de un equipo de cualquier deporte, y tampoco me ayudaba con las chicas.

Aquel primer año en Warner Bros., me di cuenta de que la curiosidad era algo más que una simple cualidad de mi personalidad. Era mi arma secreta. Era buena para ser elegido en un equipo –resultó ser buena para llegar a ser capitán de equipo– y también para las chicas.

෨ ෨

LA CURIOSIDAD PARECE MUY SENCILLA. Inocente, incluso.

Los labradores retriever son encantadoramente curiosos. Las marsopas son alegre y maliciosamente curiosas. Un crío de dos años en medio de los armarios de la cocina es extraordinariamente curioso –y feliz por el valor añadido del ruidoso entretenimiento de su curiosidad–. Cualquier persona que teclee algo en Google y presione luego «entrar» siente curiosidad por *algo*, y eso sucede 4 millones de veces por minuto, cada minuto del día.[5]

Pero la curiosidad tiene un poder entre bastidores que la mayoría de nosotros pasa por alto.

La curiosidad es la chispa que enciende, por ejemplo, un flirteo en un bar, en una fiesta, en el aula magna de la Facultad de Económicas. Y la curiosidad finalmente nutre el romance, y todas nuestras mejores relaciones humanas: uniones de pareja, amistades, vínculo entre padres e hijos. La curiosidad que lleva a hacer una simple pregunta: «¿Qué tal te ha ido el día?», «¿Cómo estás?», a escuchar la respuesta y a realizar la siguiente pregunta.

La curiosidad puede parecer a la vez urgente y trivial. ¿Quién mató a JR? ¿Cómo acaba *Breaking Bad*? ¿Cuáles son los números ganadores del bote del sorteo Powerball más grande de la historia? Estas preguntas encierran una especie de necesidad compulsiva que dura hasta el momento en que obtenemos la respuesta. Una vez satisfecha la curiosidad, la pregunta cae por su propio peso. *Dallas* es el ejemplo perfecto: *¿quién* mató a JR? Si vivías en la época de los ochenta, conocías esa pregunta, pero es posible que ahora ya no te acuerdes de la respuesta.[6]

Hay muchísimos casos en los que la urgencia resulta justificada, por supuesto, y satisfacer la curiosidad inicial no hace otra cosa que desatar más curiosidad. El esfuerzo por descodificar el genoma humano dio lugar a una carrera de intereses entre dos equipos de científicos, y una vez desvelado el genoma el resultado abrió miles de vías a la curiosidad de médicos y científicos.

La cualidad de numerosas experiencias ordinarias gira con frecuencia en torno a la curiosidad. Si te compras un televisor nuevo, finalmente el tipo de aparato que lleves a casa dependerá mucho de la curiosidad del vendedor: que sea lo bastante curioso para conocer bien los televisores, lo bastante curioso por saber tus propias necesidades y tus preferencias televisivas para finalmente ofrecerte el televisor que necesitas.

Ése es un ejemplo perfecto acerca de cómo la curiosidad aparece camuflada. En ese tipo de encuentros etiquetamos al vendedor de «bueno» o «malo». Un mal vendedor intentaría como fuera vendernos algo que no deseamos ni entendemos, o simplemente nos mostraría los televisores que tiene en venta repitiendo como un loro la lista de características de cada aparato. Pero el ingrediente clave en cualquier caso es la curiosidad, sobre el cliente y sobre el producto.

La curiosidad se esconde casi en cualquier cosa en la que te fijes: su presencia o su ausencia resulta ser el ingrediente mágico en una gran variedad y en lugares sorprendentes. Clave para descubrir los misterios genéticos de la humanidad: la curiosidad. Clave para contar con un buen servicio al cliente: la curiosidad.

Si estás en una aburrida cena de negocios, la curiosidad puede salvarte.

Si te aburre tu profesión: la curiosidad puede rescatarte.

Si te sientes desmotivado o poco creativo: la curiosidad puede ser la cura.

Puede ayudarte a utilizar la rabia o la frustración de manera constructiva.

Puede proporcionarte coraje.

La curiosidad puede añadir entusiasmo a tu vida, y llevarte más allá del entusiasmo: puede enriquecer tu sentido global de seguridad, confianza y bienestar.

Pero, obviamente, la curiosidad por sí misma no hace nada de eso.

Si bien los labradores retriver son verdaderamente curiosos, ningún labrador negro ha decodificado nunca el genoma, o ha conseguido un trabajo en Best Buy; enseguida pierden interés.

Para que la curiosidad sea efectiva tiene que ir acompañada al menos por otros dos puntos clave. El primero de ellos es la capacidad de prestar atención a las respuestas de las preguntas que se hacen: tienes prácticamente que absorber cualquier cosa de lo que te produce curiosidad. Todos conocemos gente que hace unas preguntas realmente estupendas, que parece verdaderamente involucrada y entusiasmada cuando está preguntando, pero que en el momento en que le vas a contestar ya no presta atención alguna al tema. El segundo punto es la voluntad de actuar. La curiosidad fue sin duda alguna la inspiración de la idea de poder viajar a la Luna, pero no reunió a cientos de miles de personas, miles de millones de dólares, y tampoco la determinación de superar los fallos y los desastres que se presentaron hasta lograr que fuera realidad. La curiosidad puede inspirar una idea original: una misión a la Luna o una película, por ejemplo. Puede restablecer esa inspiración cuando la moral flaquea, pero en un momento determinado, en el camino a la luna o en cualquier otra meta, el trabajo resulta duro, aparecen los obstáculos, la frustración crece, y, entonces, es necesaria la determinación.

En este libro deseo conseguir tres cosas: quiero despertar en ti el valor y el poder de la curiosidad; quiero mostrarte todas las maneras en que yo la uso con la esperanza de inspirarte y hacer que lo pruebes en tu vida diaria; y quiero entablar una conversación en toda regla sobre por qué hoy día una cualidad tan valiosa está tan poco valorada, por qué no se enseña ni se cultiva.

Para ser una característica con un potencial tan enorme, la curiosidad en sí parece muy sencilla. Los psicólogos definen la curiosidad como «desear saber». Y es así. Esa definición encaja con nuestra sensación del sentido común. «Desear saber» significa, obviamente, buscar información. La curiosidad empieza como un impulso, una urgencia, pero se muestra al mundo como algo más activo, más inquisitivo: una pregunta.

Ese proceso inquisitivo parece algo tan intrínseco como el hambre o la sed. Un niño hace una serie de preguntas aparentemente inocentes: ¿por qué el cielo es azul? ¿Hasta dónde es azul? ¿Y por la noche dónde va ese azul? En vez de respuestas (la mayoría de los adultos, entre los que me incluyo, no saben explicar por qué el cielo es azul), los niños suelen oír cosas como: «¡Pero qué curiosa es esta niñita…!».[7]

Para algunos, las preguntas significan un reto, sobre todo si no sabe las respuestas. Y en vez de contestarlas, el adulto simplemente reafirma su autoridad para pasarlas por alto. La curiosidad puede hacer que nos sintamos ineptos o impacientes: es la experiencia de un padre que no sabe por qué el cielo es azul, la de un profesor intentando cumplir con la lección que toca ese día sin retrasarse.

La niña se queda no sólo sin respuesta, sino además con la impresión de que hacer preguntas –ya sean inocentes o inquisitivas–, a veces puede parecer impertinente.

Es algo bastante sorprendente. Hoy día nadie dice directamente que la curiosidad sea mala. Pero si prestas atención, verás que no es algo que se festeje ni se cultive, no se protege ni se estimula. No es que la curiosidad sea inconveniente. Puede ser peligrosa. No sólo es impertinente, es beligerante. Es revolucionaria.

El niño que pregunta libremente por qué el cielo es azul se convierte en un adulto que hace preguntas más perturbadoras: ¿por qué yo soy el siervo y tú el rey? ¿Por qué el Sol gira en torno a la Tierra? ¿Por qué la gente de piel oscura es esclava y la gente de piel clara es el patrón?

¿Cómo llega la curiosidad?

Para saberlo sólo tienes que echar un vistazo a la Biblia. La primera historia de la Biblia tras la creación, la primera historia que incluye a seres humanos es acerca de la curiosidad. En la historia de Adán, Eva y la serpiente la curiosidad no sale muy bien parada.

Dios le dice claramente a Adán: «Eres libre de comer de cualquier árbol del Jardín, pero no debes comer del árbol del bien y del mal, pues si comes de él, morirás».[8]

La serpiente es quien sugiere a Adán retar a Dios. Pregunta: «¿Es éste el árbol cuya fruta ha prohibido Dios?». «Sí –dice Eva–, es el árbol que está en medio del jardín: no podemos comer sus frutos, ni siquiera podemos tocarlo, o moriremos».

Eva conoce muy bien las reglas, pero las adorna un poco: ni siquiera podemos *tocarlo*.

La serpiente le responde con lo que seguramente es la bravuconada más grande de la historia, inconsciente del bien y del mal, o de Dios: «No morirás, pues Dios sabe que cuando pruebes el fruto tus ojos se abrirán y serás como Él, y conocerás el bien y el mal».[9]

La serpiente atrae directamente la curiosidad de Eva. «Ni siquiera sabrás lo que no sabes –le dice–. Mordiendo el fruto prohibido verás el mundo de un modo completamente diferente».

Eva se acerca al árbol y descubre que «el fruto era bueno para comer y complacía a la vista, y además era deseable para adquirir sabiduría».[10] Así que tomó el fruto del árbol, lo mordió y se lo pasó a Adán, que también lo mordió. «Y los ojos de ambos se abrieron».[11]

El conocimiento nunca fue tan fácil de conseguir, ni tan duro de ganar. Decir que Dios se enojó es quedarse corto. El castigo de Adán y Eva por optar al conocimiento del bien y el mal es terrible, y también para todos nosotros: Eva parirá a los hijos con dolor, y Adán tendrá que ganarse el pan con sufrimiento. Y, obviamente, serán desterrados del paraíso.

La parábola no puede ser más clara: la curiosidad ocasiona sufrimiento. De hecho, la moraleja está dirigida directamente al público: sea cual sea tu suplicio, lector, fue causado por Adán, Eva, la serpiente y su díscola curiosidad.

De modo que ahí tienes, la primera historia, la base de la civilización occidental –¡la primerísima historia!–, trata de la curiosidad, y su mensaje es: no hagas preguntas, no busques el conocimiento por tu propia cuenta, déjalo en manos de quien esté a cargo de él. El conocimiento tan sólo lleva a la desdicha.

Barbara Benedict es profesora universitaria del Trinity College, en Hartford, una estudiosa del siglo XVIII que ha pasado años estudiando el concepto de curiosidad en esa época, una investigación científica para sacar a la luz el papel de la religión en la manera en que entendemos el mundo.

La historia de Adán y Eva, dice, es una advertencia: «Eres un esclavo porque Dios dijo que serías esclavo. Yo soy rey porque Dios dijo que sería rey. No preguntes nada respecto a eso. Las historias como las de Adán y Eva reflejan la necesidad que tienen las culturas y las civilizaciones de mantener su *statu quo*. Las cosas son como son porque ésa es la manera correcta. Esa actitud es común entre los gobernantes y entre quienes controlan la información». Y así ha sido desde el Jardín del Edén a la Administración del presidente Obama.

La curiosidad sigue sin ser respetada. Vivimos en una era en la que si uno desea saber algo tiene acceso a todo el conocimiento humano en un teléfono móvil, pero la tendencia a penalizar la curiosidad sigue impregnando nuestra cultura.

Las clases deberían ser un campo sembrado de preguntas, un lugar donde cultivarlas, donde aprender a hacerlas y a captar las respuestas. Algunas clases lo son, pero en realidad en los colegios la curiosidad suele tratarse del mismo modo que en el Jardín del Edén. Especialmente con la reciente proliferación de test estándar, las preguntas pueden desbaratar los planes estructurados de la lección diaria; y a veces ni los profesores saben las respuestas. Es exactamente lo contrario a lo que uno esperaría, la auténtica curiosidad en una típica clase de secundaria no se cultiva en absoluto, pues es inconveniente e interrumpe el ritmo ordinario de la clase.

La situación es algo mejor en los despachos y sitios de trabajo, lugares en los que la mayoría de los adultos pasan sus vidas. A buen seguro que a los informáticos o los investigadores farmacéuticos o los profesores universitarios se los anima a ser curiosos, como parte de su trabajo. ¿Pero qué pasa si la típica enfermera de hospital o el cajero de un banco empiezan a sentir curiosidad y a cuestionarse lo que están haciendo? Dejando de lado algunos sitios realmente excepcionales, como Google, IBM y Corning, la curiosidad no es bien recibida, cuando no rechazada.

Incluso la palabra «curioso» en sí permanece como anticurioso. Todos fingimos que una persona curiosa es una delicia, claro, pero cuando describimos un objeto como «curioso» estamos queriendo decir que es una cosa rara, algo un poco extraño, poco normal. Y cuando respondemos a una pregunta ladeando la cabeza y diciendo: «es una pregunta curiosa», lo que queremos decir en realidad es que no es una pregunta adecuada.

Eso es lo extraordinario, la curiosidad no es una extraordinaria herramienta para mejorar tu vida y tu felicidad, o tu capacidad de conseguir un trabajo excelente o una pareja maravillosa.

Es la clave para las cosas que decimos valorar en el mundo moderno: independencia, determinación, autogobierno, autosuperación. La curiosidad es el camino a la libertad.

La capacidad de preguntar cosas representa dos cosas: la libertad de captar la respuesta y la capacidad de retar a la autoridad para preguntar: «¿Cómo es que tú estás al cargo?».

La curiosidad en sí es una forma de poder, y también una clase de valentía.

℮℮

Yo ERA UN CRÍO GORDINFLÓN y no cambié al llegar a la adolescencia. Cuando acabé el instituto, tenía flotadores. Se reían de mí en la playa, se me veía fofo, con camisa o sin ella.

Decidí que no quería tener el aspecto que tenía. Cuando cumplí los 22, cambié de dieta y empecé a hacer ejercicio rutinario, en plan disciplina más bien. Saltaba a la comba cada día, 200 saltos por minuto, 30 minutos al día y 7 días a la semana. 600 saltos al día durante 12 años. Poco a poco mi cuerpo fue cambiando y los flotadores desaparecieron.

No me puse musculoso. Y no tengo aspecto de estrella de cine, pero tampoco tengo el aspecto que puedes imaginar tiene un productor de cine. Tengo mi propio estilo, ligeramente original. Llevo zapatillas deportivas para trabajar, me pongo espuma en el cabello para que me quede de punta arriba, y luzco una gran sonrisa.

Y hoy día sigo haciendo ejercicio cuatro o cinco veces por semana, por lo general a primera hora de la mañana, y me suelo levantar antes de las seis para asegurarme de tener tiempo. (Ya no salto más a la cuerda porque finalmente acabé rompiéndome los dos tendones de Aquiles). Tengo 63 años, y en las últimas cuatro décadas nunca he vuelto a estar fofo.

Tomé una resolución e hice de ella un hábito, una parte del modo en que vivo el día a día.

Con la curiosidad hice lo mismo. De manera muy gradual, empezando con mi primer trabajo en Warner Bros., de manera consciente hice que la curiosidad formara parte de mi rutina diaria.

Ya he explicado aquel primer paso, en cómo insistía en conocer a toda la gente a la que entregada los contratos. De aquel éxito me quedé con dos cosas: la primera es que incluso la gente famosa y poderosa disfruta hablando, sobre todo de ella misma y de su trabajo; y la segunda es que para hablar con ella sirve de ayuda cualquier pequeño pretexto.

De modo que aquello de «Tengo que entregar en persona estos documentos» era un pretexto que me funcionaba a mí, funcionaba a los asistentes, e incluso funcionaba a la gente a la que iba a visitar. «¡Ah, tiene que verme personalmente, vale!».

Al cabo de unos meses de empezar a trabajar en Warner Bros., despidieron a un vicepresidente de la empresa. Recuerdo cómo retiraban su nombre de la puerta de su despacho.

Era un despacho espacioso, con ventanas, dos secretarias y, lo más importante, estaba justo al lado de las oficinas de la Administración Central, lo que yo llamaba la «suite real», allí trabajaban el presidente de la Warner Bros., el director y el subdirector.

Le pregunté a mi jefe si podía utilizar el despacho del vicepresidente mientras estuviera vacío.

«Claro –dijo Knecht–, lo organizaré».

Aquella oficina nueva hizo que todo cambiara. Del mismo modo que te pones el traje que toca para una determinada ocasión –cuando te vistes adecuadamente te sientes más seguro, más crecido–, ir a trabajar a aquella auténtica oficina cambió mi perspectiva. De repente, sentí que tenía mi propia parte del inmueble, mi propia franquicia.

Aquella época, durante las décadas de los sesenta y los setenta, era formidable para estar en Hollywood en el mundo del espectáculo, y la «suite real» estaba ocupada por tres de los innovadores más importantes del momento: Frank Wells, presidente de Warner Bros., que iba a dirigir Disney; Ted Ashley, que ni siquiera era un nombre conocido en la empresa pero que como presidente llevó a los estudios energía y éxitos; y John Calley, vicepresidente de la Warner, productor legendario, una especie de intelectual de Hollywood, una fuerza creadora y un personaje incuestionable y excéntrico.

Yo era tan sólo un empleado, pero tenía una oficina, mis propias secretarias, e incluso uno de esos anticuados intercomunicadores telefónicos encima de mi mesa. Y justo en la puerta de al lado trabajaban tres de los hombres más poderosos de Hollywood. Me había creado una situación gracias a la cual estaba en el sitio adecuado y exactamente en el momento adecuado.

Estaba totalmente desconcertado del mundo del espectáculo, y parecía como si mucha de la gente de ese mundo también lo estuviera. Era difícil entender cómo se hacían las películas y los programas de televisión. No se trataba en modo alguno de un proceso lineal, parecía como si la gente navegara en medio de la niebla y sin instrumentos.

Pero a mí me fascinaba y cautivaba todo aquello. Me convertí en una especie de antropólogo que penetraba en un mundo nuevo, con un lenguaje nuevo, nuevos rituales y nuevas prioridades. Aquel entorno me invadía por completo y encendía mi curiosidad. Estaba totalmente decidido a estudiarlo, comprenderlo y dominarlo.

Fue John Calley quien me mostró realmente todo lo que era el mundo del espectáculo y también lo que podía llegar a ser. Calley fue un personaje extraordinario y una fuerza creadora muy importante en las películas de los sesenta y los setenta. Bajo su tutela, la Warner Bros., se expandió y floreció, produciendo películas como *El exorcista*, *La naranja mecánica*, *Defensa*, *Tarde de perros*, *Todos los hombres del presidente*, *El coloso en llamas: Harry el Sucio* y *Sillas de montar calientes*.[12]

Cuando estaba trabajando al final del vestíbulo donde él trabajaba, Calley tenía unos 44 o 45 años, estaba en la cima del poder, y ya era una leyenda: inteligente, excéntrico y maquiavélico. En aquellos momentos, la Warner hacía una película al mes,[13] y Calley siempre estaba pensando en las cien siguientes. Unos pocos le adoraban, unos cuantos más le admiraban y muchísima gente le odiaba.

Creo que lo que le atrajo de mí fue mi inocencia, mi profunda ingenuidad. Yo no actuaba para llamar la atención, era tan nuevo que ni siquiera sabía hacerlo.

Calley solía decirme: «Grazer, ven a sentarte a mi despacho». Hacía que me sentara en el sofá y yo observaba cómo trabajaba. Todo era una revelación para mí. Mi padre era abogado, trabajaba por cuenta propia y luchaba por tener éxito. Yo iba encaminado a la Facultad de Derecho, a una vida de archivadores, montones de informes, de expedientes, a trabajar duramente frente a un escritorio forrado de polipiel.

Calley trabajaba en una oficina enorme, bonita y elegante. Estaba montada como si fuera un salón de estar. No tenía escritorio, tenía un par de sofás y todo el día trabajaba sentado en un sofá.

No escribía ni mecanografiaba nada, no se llevaba montones de trabajo a casa. Hablaba, se sentaba en aquel elegante salón, en un sofá, y hablaba todo el día.[14] En realidad, los contratos que yo entregaba a la gente eran sólo el acto final, la formalización de todas aquellas charlas. Sentado allí en el sofá de Calley, estaba bien claro que la parte de negocio de aquel mundo giraba toda en torno a las conversaciones.

Viendo trabajar a Calley me di cuenta de una cosa: las ideas creativas no tenían que seguir una línea narrativa recta. Podías dedicarte a tus intereses, tus pasiones, podías cazar al vuelo cualquier estrafalaria idea que surgiera de cualquier rincón de tu experiencia o de tu cerebro. Aquél era un mundo en el que las buenas ideas tenían un valor real, y a nadie le importaba si la idea estaba vinculada a una idea del día de ayer o si estaba relacionada con los diez minutos siguientes de conversación. Si la idea era interesante, a nadie le importaba de dónde provenía.

Aquello era una revelación. Así era como trabajaba mi cerebro: montones de ideas, pero no organizadas como la tabla periódica.

Durante años me esforcé mucho en la escuela. Para mí no era nada agradable estar allí quieto, encajado en un pequeño escritorio, seguir el horario escolar y rellenar las hojas de trabajo. Ese aprendizaje binario –supiera o no la respuesta– no encajaba en mi cabeza ni me atraía en absoluto. Siempre he sentido como si las ideas me llegaran de todos los rincones del cerebro, y me pasaba desde que era pequeño.

En el instituto me fue bien, pero sólo porque había descubierto unos cuantos trucos para tener éxito en ese entorno. Pero las grandes clases y el trabajo impersonal que me asignaban no me atraían. No aprendí demasiado. Me encaminé hacia las leyes y el Derecho porque lo conocía y porque no tenía demasiado claro qué otra cosa podía hacer. Al menos tenía alguna idea de lo que significaba ser un abogado, aunque francamente parecía más bien una sentencia de vida con más trabajos asignados para casa, eso suponiendo que pasara el examen previo para la abogacía.

Por otra parte, Calley era uno de los tipos más modernos del mundo. Conocía a las estrellas del cine, charlaba con ellas. Era muy culto: siempre estaba leyendo. Se sentaba en su sofá y desde allí todo el día iba lanzando ideas y decisiones, sin reglas ni rigor alguno.

Contemplarle era embriagante; yo pensaba, quiero vivir en el mundo de este hombre. ¿Quién necesita una vida de ficheros de acordeón? Yo quiero trabajar desde un sofá, dejarme llevar por mi curiosidad, y hacer películas.[15]

Sentado allí en su oficina, era obvio que el mundo del cine estaba basado en las ideas: un torrente de ideas cautivadoras, nuevas cada día. Y de repente me quedó claro que la curiosidad era la manera de descubrir ideas, la manera de desencadenarlas.

Yo sabía que era curioso, del mismo modo que uno sabe que es divertido, o tímido. La curiosidad era una cualidad de mi personalidad, pero hasta aquel año no vinculé la curiosidad con el éxito. En el colegio, por ejemplo, nunca había asociado ser curioso con sacar buenas notas.

Pero en Warner Bros., descubrí el valor de la curiosidad y empecé lo que yo considero es mi viaje a la curiosidad siguiéndolo de una manera sistemática.

Calley y yo no hablamos nunca de la curiosidad, pero en aquella gran oficina y observando a Calley en acción tuve otra idea, una versión más trabajada de aquellos encuentros con la gente a la que yo entregaba los contratos. Me di cuenta de que no tenía que conocer tan sólo a la gente de la Warner con la que debía encontrarme, que podía ver a cualquiera que quisiera de ese mundo. Podía ver a la gente que despertaba mi curiosidad con sólo llamar a sus despachos y pedir una cita.

Creé una breve presentación para las secretarias y ayudantes que contestaran al teléfono: «Hola, soy Brian Grazer, trabajo en la Warner Bros., en el departamento de contratación. No se trata de un asunto relacionado con los estudios, y no quiero un trabajo, me gustaría ver al señor Tal y Tal y hablar con él cinco minutos…». Y siempre ofrecía una razón concreta para hablar con quien fuera.

Mi mensaje era claro: trabajaba en un sitio determinado, y sólo quería que me dieran cinco minutos en la programación de la agenda, *no quería* ningún trabajo. Y era extremadamente educado.

Del mismo modo que mi insistencia en entregar en mano los documentos legales, la presentación funcionaba como un hechizo.

Hablé con el productor David Picker, que estaba en la compañía Columbia Pictures. Después pensé que podría ver al productor Frank Yablans, y lo hice.

Una vez que conocí a Yablans pensé que podía conocer a Lew Wasserman, el jefe de los estudios MC, y lo hice.

Yo mismo fui escalando. Hablar con una persona del mundo cinematográfico me abría las puertas de media docena de personas más con las que hablar. Cada paso exitoso me daba confianza para intentar conocer a la siguiente persona, y resultó que prácticamente podía hablar con cualquier persona del mundo del espectáculo.

Eso fue el inicio de algo que cambió –y sigue cambiando– mi vida y mi profesión, y que finalmente me inspiró a escribir este libro.

Empecé con lo que yo llamaba conversaciones animadas por la curiosidad. Al principio, sólo eran charlas de trabajo. Durante mucho tiempo me marqué mi propia regla: cada día tenía que conocer una persona nueva relacionada con el mundo del espectáculo.[16] Pero enseguida me di cuenta de que realmente podía llegar a hablar con cualquier persona del mundo que despertara mi curiosidad. No sólo la gente del mundo del espectáculo está deseosa de hablar de ella misma y de su trabajo, cualquier persona lo está.

Durante 35 años he estado siguiendo la pista de gente por la que sentía curiosidad y preguntándole después si podía sentarme a hablar con ella durante una hora. A veces he tenido tan sólo una docena de conversaciones de ese tipo al año, pero otras veces he llegado a tener una a la semana. Mi objetivo siempre era el de conseguir al menos una cada dos semanas. Una vez que empecé esas conversaciones a modo de práctica habitual, mi única regla era que la gente tenía que estar fuera del mundo del cine y de la televisión.

La idea era no perder más tiempo con el tipo de personas con las que trabajaba a diario. Había descubierto que el mundo del espectáculo es increíblemente aislado: tendemos a hablar sólo de nosotros mismos. Es fácil llegar a creer que el cine y la televisión son una versión en miniatura del mundo real. Eso no es sólo erróneo, es una perspectiva que lleva a películas mediocres, y también a aburrirse.

Me tomaba tan en serio esas conversaciones que a veces pasaba un año o más intentando conseguir un encuentro con una determinada persona. Podía pasarme horas llamando por teléfono, escribiendo cartas y persuadiendo y ganándome la amistad de secretarios. Como iba teniendo más éxito en mi empeño, hice que fuera una persona de mi equipo la que consiguiera las citas: *New Yorker* tenía algo así, que llegó a llamarse «agregado cultural». Durante un tiempo, tuve a una persona cuya única tarea era conseguir esas conversaciones.[17]

La cosa es que, llevado por mi curiosidad, abarcaba tanto como podía. Me senté con dos directores de la CIA. También con Carl Sagan y con Isaac Asimov. Conocí al individuo que inventó el arma más poderosa de la historia y al hombre más rico del mundo. Conocí a gente que me daba miedo y gente a la que verdaderamente no deseaba conocer.

Nunca conocí a gente que tuviera la idea de una película (aunque en los últimos años, está claro que hay gente que se cita conmigo porque cree que puedo hacer una película sobre ellos o sobre su trabajo). Mi objetivo es tan sólo aprender algo.

Los resultados son siempre sorprendentes, y las conexiones que he conseguido a partir de mis conversaciones han fluido en cascada durante toda mi vida –y en las películas que hacemos–, de la manera más inesperada. Mi charla con el astronauta Jim Lovell me llevó a contar la historia de *Apolo 13*. Pero ¿cómo trasmitimos el trauma psicológico de estar atrapado en una nave espacial inutilizada? Fue Verónica de Negri, una activista chilena torturada durante meses por su propio Gobierno, quien me enseñó lo que es verse forzada a confiar por completo en uno mismo para poder sobrevivir. Verónica de Negri nos ayudó tanto a crear *Apolo 13* como seguramente lo hizo Jim Lovell.

Con el tiempo descubrí que soy curioso de una determinada manera. Mi profundo sentido de la curiosidad es lo que yo llamo curiosidad emocional: quiero entender qué es lo que motiva a la gente; quiero ver si existe una conexión entre la actitud y la personalidad de un individuo con su trabajo, con sus retos y sus logros.

Conocí a Jonas Salk, el médico y científico que curó la poliomielitis, un hombre que era un héroe en mi infancia. Tardé más de un año en conseguir hablar con él. No me interesaba en el método científico Salk utilizado para descubrir cómo desarrollar la vacuna de la polio, yo quería saber cómo era eso de ayudar a millones de personas a evitar una enfermedad devastadora que ensombreció la infancia de mi época. Fue muy famoso, admirado, exitoso, pero no obtuvo ningún beneficio. Logró curar la peor enfermedad que aquejaba al mundo en aquel entonces y nunca recibió ni un solo céntimo. ¿Te imaginas que eso pueda pasar hoy día? Yo quería comprender la mentalidad de alguien que no quiso sacar rendimiento alguno de un descubrimiento así.

Conocí a Edwars Teller, el hombre que creó la bomba de hidrógeno. Cuando hablé con él ya era un anciano, y estaba dirigiendo el Programa Star Wars para el presidente Reagan. Fue otra de las personas en las que invertí todo un año en conseguir pasar una hora con él. Yo quería entender el intelecto de un hombre que crea algo como la bomba de hidrógeno y qué sentido de lo moral tenía.

Conocía a Carlos Slim, el hombre de negocios mexicano más rico del mundo.[18] ¿Qué hace el tipo más millonario del mundo en su día a día? Deseaba saber qué hace falta para ser esa clase de hombre de negocios, para ser tan resuelto y determinado como para conseguir estar por encima de cualquier otro.

Lo cierto es que cuando conocí a gente como Salk, Teller o Slim, lo que esperaba era una percepción especial, una revelación. Deseaba captar quiénes eran realmente. Y, claro está, uno no consigue eso estando una hora con un extraño.

Salk fue atento y amable. Teller estuvo malhumorado. Carlos Slim fue muy distinto de lo que esperaba, en ningún momento se mostró brusco, serio o inflexible. Fue muy cariñoso, muy latino. En la comida encargó muchos platos, bebió vino, parecía como si no deseara hacer otra cosa: nuestra comida duró tres horas.

Tuve cientos y cientos de citas por satisfacer la curiosidad. Es lo que busco y con frecuencia lo que acabo disfrutando más de lo que hago. Para mí, aprender de alguien que tengo frente a mí es mejor que el sexo. Es mejor que el éxito.

Mi primera auténtica conversación por curiosidad fuera del mundo del espectáculo la tuve cuando tenía veintitrés años. Me habían despedido del trabajo de asistente legal en la Warner Bros., —después de quince meses, creyeron que me divertía demasiado y entregaba demasiados pocos documentos— y estaba trabajando con el productor

Edgar Scherick *(Asalto al tren Pelham 123, Las esposas perfectas),* con la intención de llegar yo mismo a ser un productor.

Fui a ver a F. Lee Bailey. En ese momento, Bailey era el letrado de casos penales más famoso del país, y había sido el abogado de San Sheppard y Patty Hearst.

Tenía una idea para hacer una serie de televisión que llamaría *Los casos criminales de F. Lee Bailey,* una especie de versión judicial del programa *Walt Disney Presents,* con un experto para narrar las historias de aquellos grandes casos.

Deseaba enormemente hablar con Bailey. Estaba ganando muchísimos casos importantes, ¿cómo hacía para resolverlos? ¿Tenía una moral estricta? ¿Cómo actuaba en los juicios? ¿Se expresaba con hechos, con datos legales, con el aspecto moral del caso?

Quería entender la diferencia entre el sistema de creencias de un abogado y aquello en lo que él o ella era bueno. ¿Cuál era el objetivo que Bailey tenía en la vida y cómo encajaba eso con sus habilidades?

Cuando di con él estaba preparando el juicio de un caso en Las Cruces, Nuevo México. Por alguna razón estuvo de acuerdo en que nos viéramos y tomé un vuelo hacia allí.

Fue un tanto raro. Bailey paraba en aquella pequeña ciudad, en un motel ambientado en el oeste, un poco destartalado y con una piscina con forma de riñón. Yo no tenía ni idea de qué iba a pasar. Llamé a la puerta, me dejó pasar: estaba solo, sin ayudantes, y me dijo que pasara mientras iba practicando su defensa.

Hacía un calor horroroso y me derrumbé en el sofá de su habitación. Parecía estar creando el caso justo frente a mí. Al cabo de un rato me mandó a la tienda de licores del otro lado de la calle a que comprara una botella de Johnny Walker Black.

Se puso una copa. Se paseaba por la habitación, cada vez más seguro, reforzando su argumentación, que sonaba muy bien elaborada. Iba dando toneladas de datos. Yo no entendía realmente nada, pero él ensayaba conmigo.

Allí, en la habitación del hotel, vi que aquel tipo tenía poder. Era fascinante.

Volé de regreso a casa pensando que sería estupendo como presentador del programa de televisión en que había pensado. En aquel tiempo, antes de los *realitys* televisivos de Nancy Grace y de Greta Van Susteren, pensábamos en ello como miniseries. Hicimos un trato con Baily y contratamos un escritor, pero finalmente nunca llegamos a hacer nada.

Aun así, sentado en el sofá de aquella húmeda habitación de hotel, en aquella pequeña ciudad de Nuevo México, oyendo a Bailey preparar su caso, me di cuenta de que había una gran distancia entre las nobles razones por las que fue a la Facultad de Derecho —las cuales seguían ahí, profundamente enraizadas en él— y cómo estaban las cosas en aquel momento.

Fue un modo completamente nuevo de contemplar a los abogados haciendo su trabajo.

Nunca llegué a hacer una película sobre Lee Bailey, claro está, aunque su vida es lo suficientemente rica para hacerla. Y no hice ninguna película sobre abogados hasta 20 años más tarde, cuando produje, *Mentiroso compulsivo,* con Jim Carrey de protagonista, la historia de lo que le sucede a un abogado obligado durante 24 horas a no decir más que la verdad.

Para mí, las conversaciones llevadas por la curiosidad son el ejemplo más obvio y más visible de mi propia curiosidad. Son una especie de disciplina, como un ejercicio físico rutinario, pues uno no puede hablar con gente ocupada e interesante a menos que se empeñe de manera constante y firme en verla. Pero estas conversaciones son muy diferentes del ejercicio físico diario: yo odio hacer ejercicio, sólo me gustan los resultados. Me gustan las charlas curiosas mientras tienen lugar. Los resultados, ya se den un mes o una década después, son algo con lo que cuento, pero son un extra.

De hecho, lo único que hago, efectivamente, es hablar, hablo para ganarme la vida. En realidad intento escuchar para ganarme la vida. Ser un productor de cine y televisión significa que vivo una versión de la vida que John Calley me enseñó hace cuarenta años. Tengo citas, hago llamadas telefónicas y converso a lo largo de todo el día; para mí todo eso en realmente una «charla curiosa». No utilizo la curiosidad para conseguir conocer a gente famosa, o para descubrir buenos guiones; uso la curiosidad para asegurar que las películas salen bien: con el presupuesto adecuado, a tiempo y con una historia lo más potente posible.

He descubierto que, incluso cuando estás en un cargo, con frecuencia eres mucho más eficaz preguntando cosas que dando órdenes.

ᏪᏚ ᏪᏚ

Mi primer y auténtico trabajo como productor fue en los estudios de la productora Paramount. Tenía una oficina en la parte de atrás de lo que llamaban el despacho del director. Tenía veintiocho años y había producido un par de películas exitosas para la televisión (incluidos los primeros episodios de una miniserie de veinticuatro horas sobre los diez mandamientos), y la Paramount hizo un trato conmigo para que encontrara y produjera películas.

Mi oficina estaba en un rincón del tercer piso, con vistas a las pasarelas de los platós cinematográficos. Si abría la ventana (sí, en las décadas de los setenta y los ochenta, las ventanas de los despachos aún se abrían) podía ver pasar a los artistas más poderosos, famosos y glamurosos de la época.

Tenía curiosidad por ver quiénes estaban en el plató, y con quién trabajaba cada uno. En esa época fue cuando me propuse conocer cada día a alguien nuevo en el mundo del espectáculo. Me gustaba gritar por la ventana a la gente que pasaba por debajo: Howard Koch, quien coescribió *Casablanca,* Michael Eisner, que llegaría a ser director general de Disney, y Barry Diller, director de la Paramount, y al jefe de Michael Eisner.

Un día pasó por allí Brandon Tartikoff. Ya era presidente de la cadena de televisión NBC y estaba reviviendo la cadena con series como *Canción triste de Hill Street, Cheers* y *Corrupción en Miami.* A los 32 años ya era una de las personas más influyentes del mundo del espectáculo.

—¡Hola, Brandon –gritaba, yo–, estoy aquí arriba!

Me miraba y sonreía.

—¡Eh –decía–, desde ahí arriba tienes que estar a cargo del mundo entero.

Unos minutos más tarde, sonaba mi teléfono. Era mi jefe, Gary Nordino, el mandamás de la televisión de la Paramount.

—¿Pero qué demonios estás haciendo gritando desde la ventana al presidente de la NBC?

—Sólo estoy tomando contacto –le decía yo–, nos estamos divirtiendo.

—No creo que eso sea tan divertido –decía Nardino–, corta el rollo.

Vale, aquellos días no a todo el mundo le encantaba mi estilo. Nardino me daba un poco de miedo, pero no lo bastante como para dejar de gritar por la ventana.

Un día vi a Ron Howard allá abajo. Ron era ya un famoso con éxito desde los años en los que actuaba en *The Andy Griffith Show* y *Días felices,* pero intentaba pasar a ser director. Mientras pasaba pensé: mañana voy a conocer a Ron Howard.

No le grité dese la ventana, esperé a que volviera a su oficina y le llamé. «Ron, soy Brian Grazer –le dije–, soy un productor de aquí. Creo que tenemos objetivos comunes, quedemos y hablemos de ello».

Ron era un poco tímido y pareció sorprenderse con mi llamada telefónica. No creo que realmente quisiera conocerme. Le dije: «Será divertido, y relajante, quedemos».

Días más tarde vino a hablar conmigo. Él estaba intentando llegar a ser director de cine, y yo intentaba ser productor. Éramos dos tipos que intentaban hacer algo que no habían hecho antes nunca.

En el momento en que entró en mi oficina vi que tenía un aura, un resplandor. Tras hablar con él vi que mis metas en la vida no eran tan reflexivas como las suyas, él daba la sensación de tener una gran consciencia moral. Sé que afirmar eso después de un simple encuentro suena una estupidez, pero ésa fue la primera impresión que me produjo. Y era verdad. Ron es así, y lo sigue siendo al cabo de treinta y cinco años.

Cuando entró en mi oficina le pregunté: «¿Qué quieres llegar a ser?».

Ron no sólo quería ser director, sino que además quería dirigir una película clasificada «R», es decir, para mayores de 18 años. Quería cambiar la imagen que el público tenía de él. Yo no tenía ni idea de si él sabría dirigir, pero de inmediato decidí que apostaría por él, e intenté convencerle de que trabajara conmigo. Empecé a exponer mis ideas: *Splash* y *Turno de noche.* A Ron no le entusiasmó para nada hacer una película de un hombre que se enamora de una sirena, pero le gustó la irreverencia de *Turno de noche,* una comedia catalogada R en la que dos tipos intentan convertir en prostíbulo una morgue de Nueva York. No era la película que uno hubiera imaginado para la estrella de *Días felices.*

Hicimos juntos dos películas: *Turno de noche* y, a pesar de la inicial reticencia de Ron, *Splash,* que se convirtió en un enorme éxito. Tras trabajar estupendamente juntos en esas dos películas, formamos nuestra propia empresa: Imagine Entertainment, y hemos sido compañeros de negocios durante los últimos treinta años. Ron no sólo supo dirigir, sino que llegó a ser un gran director. Entre las películas que hemos hecho juntos destacan *Todo en familia, Llamaradas, El código Da Vinci, Frost contra Nixon, Apolo 13,* y la ganadora de un Óscar *Una mente maravillosa.*

Mi amistad con Ron ha sido la más importante de mi vida. Él es mi colega más cercano y mi mejor amigo. Decidí conocer a Ron cuando le vi desde mi ventana, y fue mi curiosidad emocional, la intriga que desencadenó en mí lo que hizo que Ron Howard, conectara conmigo. Una vez más, en uno de los momentos más importantes de mi vida, seguir mi curiosidad me abrió la puerta.

Ron y yo somos diferentes en muchos aspectos, sobre todo en temperamento, pero compartimos ciertos patrones, incluso el modo de contar una historia, y, lo más importante, estamos de acuerdo en qué es lo que crea una gran historia. De hecho, si conozco a alguien que sea tan realmente curioso como yo, ése es Ron Howard. Cuando estamos juntos en una reunión, él hace tantas preguntas como yo, y como son preguntas diferentes, la información que obtiene es diferente.

Mis charlas curiosas son una cosa que he llevado a cabo de manera constante y resuelta durante treinta y cinco años. En este libro encontrarás muchos ejemplos de ellas. Esas charlas son eventos u ocasiones en los que la curiosidad en sí es la motivación.

Pero en mi trabajo y mi vida diaria, la curiosidad no es por sí misma un «acontecimiento», es lo contrario. La curiosidad es algo que utilizo todo el tiempo. Siempre estoy haciendo preguntas. Para mí es un instinto. También es, sin lugar a dudas, una técnica.

Soy jefe –Ron Howard y yo dirigimos juntos Imagine–, pero no soy un tipo que dé órdenes. Mi tipo de gestión es el de hacer preguntas. Si alguien hace algo que no entiendo, o no me gusta, si alguien que trabaja para mí hace algo inesperado, empiezo por hacer preguntas, por ser curioso.

Estoy conociendo constantemente gente nueva, a veces en eventos, pero a veces esa gente nueva está sentada en el sofá de mi oficina durante la jornada de trabajo. Yo no soy especialmente extrovertido, pero tengo que *actuar* de manera extrovertida todo el tiempo. ¿Qué cómo hago para tratar con toda gente nueva –a veces una docena en un solo día–, que con frecuencia se sienta frente a mí esperando que yo dirija la conversación? Pues haciendo preguntas, por supuesto. Dejo que sean las personas quienes hablen. Interesarse en alguien no es tan difícil si sabes aunque sea sólo un poco de ellas, y, como he podido descubrir, a la gente le encanta hablar de su trabajo, de lo que sabe, de su trayectoria.

El negocio del espectáculo requiere grandes dosis de confianza. Tienes que creer en tus propias ideas sobre películas y programas de televisión, y rápidamente descubres que la respuesta más segura de cualquier ejecutivo o inversor es «no». A menudo me sorprende que hayamos llegado a hacer una sola película, pero en Hollywood no puedes tener éxito si de desanimas por un «no», pues independientemente de la buena calidad de tus ideas o incluso de la calidad de tu trayectoria profesional, todo el tiempo recibes «noes». Tienes que tener confianza para seguir adelante. Esto es así en cualquier rincón del mundo: tienes que tener seguridad ya trabajes en una empresa de alta tecnología en Silicon Valley o estés tratando pacientes en un hospital. Mi seguridad proviene de la curiosidad. Sí, preguntando cosas construyes seguridad en torno a tus propias ideas.

La curiosidad hace algo más por mí: me ayuda a atajar la ansiedad rutinaria del trabajo y de la vida.

Me preocupa, por ejemplo, convertirme en un ser autocomplaciente, me preocupa, aquí, en Hollywood, acabar en una burbuja, aislado de lo que sucede en el resto del mundo, de lo que está ocurriendo y cambiando. Yo uso la curiosidad para romper la burbuja, para dejar de lado la autocomplacencia.

Me preocupan también las cosas corrientes. Me preocupa dar charlas, me preocupa la seguridad de mis hijos, e incluso me preocupa la policía: los agentes de policía me ponen nervioso. Uso la curiosidad cuando algo me preocupa. Si uno comprende qué tipo de charla quiere la gente oír, si entiende cómo piensan los policías, sentirá cómo se desvanece su miedo, o será capaz de manejarlo.

Utilizo la curiosidad como una herramienta de gestión.

La uso para ser más extrovertido.

Uso la curiosidad para potenciar mi autoconfianza.

La uso para evitar la rutina, y la uso para manejar mis propias preocupaciones.

En los siguientes capítulos, voy a analizar y a contar cosas sobre los diferentes tipos de curiosidad, pues creo que pueden serles útiles a casi todo el mundo.

Y éste es el modo más importante en que uso la curiosidad: la uso para contar historias. Ésa es realmente mi profesión. Mi trabajo como productor es buscar buenas historias para contar, y necesito gente que escriba esas historias, que las interprete, que las dirija. Busco el dinero para hacer esas películas, e ideas de cómo vender las historias ya terminadas al público. Pero para mí, la clave de todos esos elementos es la historia en sí.

He aquí uno de los secretos de la vida de Hollywood: un secreto que se aprende en una clase de secundaria de literatura pero que se mucha gente olvida. En el mundo hay sólo unos cuantos tipos de historias: románticas, de aventuras, trágicas y cómicas. Llevamos contando historias desde hace 4000 años. Todo se ha contado ya.

Y aun así, aquí estoy yo, en un negocio dedicado bien a buscar nuevas historias, bien a contar viejas historias de nuevas maneras y con personajes nuevos.

Una buena narración requiere creatividad y originalidad, requiere una gran dosis de inspiración. ¿De dónde viene esa inspiración? Creo que la curiosidad es, de manera literal, la chispa que prende la inspiración.

En realidad, la narración y la curiosidad son aliados naturales. La curiosidad es lo que conduce a los seres humanos en su deambular por el mundo, lo que los lleva a hacerse preguntas sobre lo que sucede a su alrededor, sobre la gente y sobre el porqué se comportan de la manera en que lo hacen. Contar historias es el acto de llevar a casa los descubrimientos aprendidos gracias a la curiosidad. La historia es, literalmente, un informe desde el frente de batalla de la curiosidad.

Contar historias nos da la capacidad de contar a cualquiera lo que hemos aprendido, o contar la historia de nuestras aventuras, o de las aventuras de la gente que hemos conocido. La curiosidad conduce el deseo de seguir leyendo un libro que no puedes cerrar, es el deseo de saber cuánto hay de cierto en la película que uno acaba de ver.

La curiosidad y la narrativa están interconectadas, una refuerza a la otra.

Lo que da frescor a una historia es el punto de vista de la persona que la cuenta.

Produje una película llamada *Splash* que cuenta lo que sucede cuando un hombre se enamora de una sirena.

Produje una película llamada *Apolo 13,* la historia real de lo que les sucede a unos astronautas norteamericanos que se quedan atrapados en una nave espacial averiada.

Produje una película llamada *8 millas* que hablaba de intentar ser un rapero blanco en el mundo negro de los raperos de Detroit.

Produje una película llamada *American Gangster,* la historia de un héroe narcotraficante en el Nueva York de la era del Vietnam.

American Gangster no es la historia de un gánster, es una historia de aptitud, talento y determinación.

8 millas no es una historia de música rap, ni siquiera es una historia sobre el racismo, es una historia sobre superar las humillaciones, sobre el respeto, sobre la marginación.

Apolo 13 no va de astronautas, sino de la iniciativa de dejar de lado el pánico en aras de la supervivencia.

Y *Splash* no es por supuesto una historia de sirenas, en Hollywood cerca de unas mil personas me dijeron que no podíamos hacer una película sobre sirenas. *Splash* habla del amor, de encontrar el amor adecuado para uno mismo, y no el amor que los demás eligen para él.

No quiero hacer películas de sirenas seductoras o astronautas valerosos, de desvergonzados traficantes de drogas o de músicos en aprietos. O al menos no quiero hacer películas predicibles de sólo esos temas.

No quiero contar historias en las que la «emoción» se base en explosiones, efectos especiales o escenas de sexo.

Quiero contar las mejores historias que pueda, historias que sean memorables, que resuenen, que hagan pensar al público, que a veces hagan que la gente vea su propia vida de una manera diferente. Y para descubrir esas historias, para conseguir inspiración, para encontrar la chispa de la creatividad, lo que yo hago es preguntar.

¿Qué tipo de historia es ésta? ¿Un mito? ¿Una aventura?

¿Cuál es el tono adecuado para la historia?

¿Por qué están en problemas los personajes de la historia?

¿Qué es lo que vincula a los personajes de la historia?

¿Qué hace que la historia sea emocionalmente satisfactoria?

¿Qué es lo que cuenta la historia, y cuál es el punto de vista de su protagonista? ¿Cuál es su objetivo? ¿Cuál es su sueño?

Y lo que es más importante: ¿de qué va la historia? El argumento es lo que sucede en la historia, pero ese argumento no es de lo que trata la historia.

No creo que hubiera sido muy bueno en mi trabajo si no hubiera sido curioso. Creo que hubiera hecho películas no demasiado buenas.

Sigo preguntando cosas hasta que sucede algo interesante. Mi talento consiste es saber hacer preguntas, y en saber cuándo sucede algo interesante.

Lo que considero extraordinariamente fascinante de la curiosidad es que no importa quién seas, ni cuál sea tu trabajo o tu pasión; si la usamos bien, la curiosidad funciona del mismo modo para todos.

No tienes que ser un Thomas Edison. No tienes que ser un Steve Jobs. No tienes que ser un Steven Spielberg, pero sí puedes ser «creativo», «innovador», «convincente» y «original», porque puedes ser curioso.

La curiosidad no sólo ayuda a resolver problemas, sin importar el tipo de problemas que sean, y además tiene un extra: es gratis. No necesitas hacer un cursillo de aprendizaje. No necesitas un equipo especial, o un vestuario costoso, no necesitas un *smartphone* o una conexión a Internet de alta velocidad, no necesitas la colección completa de la *Enciclopedia Británica* (algo que siempre me ha dado pena no tener).

Has nacido curioso, y no importa que tu curiosidad tenga bien cargada o no la batería, está ahí, lista para ser despertada.

CAPÍTULO DOS

El jefe de Policía, el magnate del cine y el padre de la bomba H: pensar como piensa otra gente

La curiosidad [...] es la insubordinación en su forma más pura.

VLADIMIR NABOKOV[1]

LOS POLICÍAS ME PIDIERON que me bajara los pantalones. Ahí fue cuando me pregunté en qué lío me había metido.

Era el 30 de abril de 1991, y yo estaba en el Parker Center, el inconfundible edificio de la ciudad de Los Ángeles que entonces era la oficina central del Departamento de Policía de L. A. Estuve trabajando durante meses para llegar ahí, quería conocer a Daryl Gates, el legendario jefe de Policía del LAPD, famoso por haber ideado la SWAT, la moderna unidad policial, y por haber mostrado a los grandes departamentos de todo el país cómo funcionar de un modo paramilitar.

En Los Ángeles de la década de los ochenta y principios de los noventa, nadie tenía tanto poder como el jefe Gates. A mí me fascinaba aquel poder y la personalidad que Gates tenía y utilizaba. Ese tipo de influencia me era totalmente extraña. Yo no veo el mundo como una jerarquía, como una cadena de mandos. No deseo controlar a miles de personas; no veo la vida, o el trabajo, como una oportunidad para acumular poder y ejercerlo. No me gusta especialmente dar órdenes, o controlar si las personas me muestran suficiente respeto, o me temen, para obedecer mis órdenes. Pero el mundo está lleno de gente que desarrolla estrategias para tener poder, de hecho, un típico lugar de trabajo está repleto de gente así, y seguramente todos la conocemos.

Por mucho que me fascine ese tipo de poder, me resisto a él. No quiero comprender esa clase de personalidad, ni como narrador ni como ciudadano. El jefe Gates mantuvo conmigo una conversación curiosa genial: el ejemplo perfecto de un tipo de mentalidad autocrática, y fue allí, en mi propia ciudad.

Durante tres meses estuve intentando encajar una cita en la agenda de Gates, abriéndome paso a través de un ayudante, una secretaria, un policía, y otro policía. Finalmente, a principio del 1992, en su oficina me dieron cita para comer con él, a cuatro meses vista.

Y entonces, el 29 de abril de 1992, un día antes de la cita, a los cuatro agentes de policía que habían sido grabados en un vídeo golpeando a Rodney King los absolvieron de todos los cargos y empezaron disturbios por toda la ciudad de Los Ángeles.

Me levanté aquella mañana del 30 de abril y supe que los altercados se habían sucedido toda la noche, habían ardido edificios y algunos barrios habían sido saqueados. Era el momento más caótico que había vivido Los Ángeles desde los disturbios de 1965. El Departamento de Policía de la ciudad estaba en medio del caso: ellos eran la razón de todo aquello, y también eran los responsables de detenerlo. El jefe Gates personificó el enfoque militar que originó en primer lugar el linchamiento policial de Rodney King.

Di por seguro que Gates tenía bastantes cosas que controlar aquella mañana y que nuestra cita para comer sería cancelada. Pero no, aquella comida tuvo lugar.

Cuando llegué al Parker Center me encontré con que estaba cerrado. Había vallas de hormigón, una barrera de policías y una serie de puestos de control para acceder al edificio. Me preguntaron:

—¿A quién va a ver?

Y yo contesté:

—Al jefe Daryl Gates.

Les enseñé mi documentación. En el vestíbulo había otra barrera de policías. Me pidieron que me bajara los pantalones. Ver cómo dos policías de las fuerzas especiales me chequeaban la ropa interior no disminuyó en absoluto mi recelo, pero lo que yo quería era ver a Daryl Gates. Hacía más de una año que estaba intentado verle. Una vez que me subí los pantalones, una par de policías me escoltaron hasta el ascensor y me acompañaron hasta la sexta planta.

El Parker Center vibraba por completo. Aunque el edificio estaba abarrotado de gente que parecía conservar la calma en medio de una crisis, la sensación era que todo el mundo estaba asustado.

Llegué a la *suite* del jefe Gates –una habitación exterior y un despacho–. Allí todo el mundo iba uniformado, Gates incluido. Estaba sentado en su oficina, frente a una mesa de reuniones común y corriente, rodeado de unas sillas de madera con brazos que recordaban a las de los colegios. Él estaba sentado en un extremo y yo me senté en el otro.

El jefe Gates parecía totalmente relajado. Abajo la ciudad ardía, explota. Esa misma tarde, el alcalde declararía la ciudad en estado de emergencia, impondría el toque de queda y llamaría a la Guardia Nacional; la noche siguiente, el presidente George H. W. Bush pronunciaría un discurso televisado, en un horario de máxima audiencia, sobre los altercados de Los Ángeles.[2]

Pero al jefe Gates se le veía tranquilo.

Me saludó y me dijo:

—¿Qué le gustaría comer?

Yo estaba nervioso, no sabía qué decir.

—¿Qué va a comer usted, señor?

—Yo tomaré un sándwich de atún –dijo Gates.

—Yo tomaré lo mismo que usted.

Unos minutos más tarde, un asistente trajo dos sándwiches de atún con unas patatas chips de acompañamiento.

Charlamos mientras comíamos nuestros sándwiches de atún y nuestras patatas. O al menos, el jefe Gates comía, yo apenas pude darle unos cuantos bocados a mi bocadillo.

Mientras estábamos allí sentados, un teniente irrumpió en el despacho de repente y dijo totalmente excitado: «¡Jefe, jefe! Está usted saliendo en televisión otra vez, en el Ayuntamiento dicen que ya no está al mando, que le están despidiendo!».

Gates se volvió hacia mí. No se sobresaltó lo más mínimo, nada cambió en su aspecto. Parecía estar totalmente tranquilo.

Dijo dirigiéndose a mí y a su teniente: «De ningún modo. Estaré aquí el tiempo que quiera. No me van a echar nunca».

Lo dijo con un tono totalmente neutro, como si hubiera dicho «¿Qué tal está el sándwich de atún?».

Su ego, su arrogancia, permanecieron totalmente imperturbables. Toda su vida había vivido unas situaciones intensas. No estaba actuando, para él eso era la suma total de segundos, minutos, horas, meses de trabajo bajo una presión increíble y control.

Había reunido toda su autoridad, capacidad y disposición para hacer uso de ello. Estaba totalmente acostumbrado. Se había vuelto imperturbable, insensible frente a la posibilidad de que cualquier cosa ajena a su voluntad cambiaría su vida.

En realidad, el Ayuntamiento había anunciado su sustitución dos semanas antes de que empezaran los disturbios de Rodney King. Gates había estado un tanto impreciso sobre el momento en que se iría, y tras los disturbios se volvió más terco. A pesar de su arrogancia conmigo, seis semanas después de nuestro encuentro Gates anunció formalmente su dimisión, y a las dos semanas dejó la jefatura.[3]

La visita que hice a Daryl Gates fue extraña, memorable, inquietante. Dicho de otro modo: perfecta.

Alguna gente habría sentido curiosidad por saber cómo Gates llegó a ser oficial de policía y cómo se convirtió en el jefe de 8000 oficiales de policía.[4] Habría quién hubiera sentido curiosidad por saber cómo un hombre como Gates pasaba su jornada laboral: ¿a qué dedicaba su atención, qué hacía en la ciudad? Habría quién se preguntaría cómo alguien que está sumergido totalmente en la delincuencia de Los Ángeles contempla una ciudad tan bonita y también a sus ciudadanos.

Mi intención era otra. Yo deseaba captar la personalidad de alguien que llevaba el uniforme de jefe de Policía con total confianza, que dirigía un estado paramilitar en miniatura.

¿Qué había supuesto para mí un encuentro así?

En primer lugar, me sacó por completo del mundo en el que vivía. Durante unas horas, viví en el universo de Daryl Gates, un mundo totalmente opuesto al mío. Desde el primer momento en que abría los ojos por la mañana hasta el momento en que los cerraba por la noche, cada día, el jefe Gates se implicaba en cosas en las que yo probablemente nunca habría llegado ni siquiera a considerar.

Las cosas importantes son diferentes: sus objetivos, sus prioridades, sus valores.

Las nimiedades son diferentes: cómo se viste, cómo se comporta, cómo habla con la gente que le rodea.

Daryl Gates y yo vivíamos en la misma ciudad, ambos estábamos en lugares influyentes, ambos teníamos éxito, pero nuestros mundos eran tan diferentes que difícilmente coincidían en algo. Contemplábamos la ciudad desde perspectivas diametralmente opuestas.

Eso fue lo que Daryl Gates hizo por mí: alterar mi punto de vista.

ᥱ᥎ ᥱ᥎

TODOS ESTAMOS ATRAPADOS en nuestra manera única de pensar, atrapados en nuestra manera única de relacionarnos con la gente. Estamos tan acostumbrados a ver el mundo de la manera en que pensamos que llegamos a pensar que el mundo *es* tal y como lo vemos.

Para alguien cuyo modo de vida es buscar y explicar historias a la gente por medio del cine y la televisión, esa estrechez de miras puede ser peligrosa, y también aburrida.

Una de las maneras más relevantes de cómo utilizo la curiosidad es la de ver el mundo a través de los ojos de otra gente, ver el mundo de maneras que de otro modo no hubiera visto. Es extraordinariamente vivificante recordar, una y otra vez, lo diferente que es el mundo para otras personas. Si vamos a contar historias que sean interesantes y variadas, es necesario saber capturar esos otros puntos de vista.

Vamos a echar un vistazo un momento a algunas de las 17 películas que Ron Howard y yo hemos hecho juntos, que yo he producido y Ron ha dirigido.

Está *Turno de noche*, con Michael Keaton como director de un burdel que había sido una morgue de la ciudad de Nueva York; y *Todo en familia*, con Steve Martin esforzándose y haciendo malabares por ser un buen padre de familia.

Tenemos *Llamaradas*, sobre el valor que requiere ser bombero y la mente rápida necesaria para ese trabajo; y *Una mente maravillosa*, la historia de John Nash, ganador de un premio Nobel y esquizofrénico.

El Grinch, interpretada por Jim Carrey, quien da vida al Grinch del Dr. Seuss; y *Frost contra Nixon*, las entrevistas televisivas que David Frost hizo al expresidente Richard Nixon.

Esas seis películas captan la perspectiva del descarado empleado de una morgue, de un divertido pero autocrítico padre de familia, de un equipo de intrépidos bomberos, de un brillante matemático aquejado de una enfermedad mental, de un astuto periodista, de un desacreditado expresidente, y de un misántropo.

Se trata de una variedad maravillosa de personajes, de un despliegue extraordinario de diferentes puntos de vista; son historias que incluyen comedia, drama e intriga y van desde la Universidad de Princeton durante la llamada guerra fría al interior de un rascacielos en llamas en los años ochenta; desde la fría sala de una morgue en la ciudad de Nueva York, a las afueras del estado. No parecen tener nada en común, pero no sólo proceden de la misma empresa cinematográfica, Imagine, sino que todas ellas fueron dirigidas y producidas por Ron y por mí.

Ése es el tipo de trabajo que quiero hacer, y que siempre quise hacer, en Hollywood. No quiero estar produciendo una y otra vez la misma película con personajes ligeramente diferentes, aunque sea inconscientemente.[5]

Así pues, ¿qué relación tiene eso con mi conversación con Daryl Gates, el jefe supremo del Departamento de Policía de Los Ángeles?

La curiosidad. No sé qué hace la gente del mundo del espectáculo para no quedarse estancada, pero mi secreto está en la curiosidad, concretamente en las conversaciones animadas por la curiosidad.

La variedad en mi trabajo (y en mi vida) provienen de la curiosidad. Ella es la herramienta que utilizo para ir en busca de diferentes tipos de personajes e historias que pueda ser capaz de crear por mí mismo. Hay personas que pueden inventarse un personaje como Daryl Gates, yo tengo que conocer a alguien como él. Para ver cómo es el mundo desde su perspectiva, tengo que sentarme en una habitación junto a él. Tengo que hacerle preguntas yo mismo, no contentarme con escuchar cómo responde, sino ver cómo cambia la expresión de su rostro cuando responde.

Esas conversaciones tienen una regla crítica, una regla casi por completo contraintuitiva: nunca llevo a cabo una conversación con curiosidad con el fin de encontrar tema para hacer una película. La hago porque me interesa un tema o una persona. Esas charlas me permiten almacenar experiencias y puntos de vista.

De hecho, lo que sucede a menudo es que una conversación no inspira una película o una idea, sino que es justo al revés. Alguien creará una idea para una película o un programa de televisión, alguien en Imagine se inspirará en algo, un director o un guionista vendrá a vernos con una historia, yo tendré una idea, y una de esas conversaciones mantenida años antes me aportará todas las posibilidades de que esa idea salga a la luz.

La riqueza y la variedad de cuatro décadas de películas y programas de televisión han dependido de esas conversaciones, pero esos encuentros no han creado en sí las películas ni los programas. La curiosidad me estimula a que persiga mis pasiones. Además me mantiene en contacto con lo que sucede en el mundo de la ciencia, la música, la cultura popular. No es tan sólo captar que lo que está sucediendo es importante, se trata de captar la actitud, el ambiente que rodea lo que está sucediendo.

En el 2002 produje la película *8 millas,* que habla de la música hip hop en Detroit, y yo tenía en aquel momento 51 años. La película surgió una noche que vi actuar a Eminem en la gala de los Video Music Awards. Yo llevaba dos décadas interesado en los músicos de hip hop, había querido hacer una película sobre el hip hop desde la década de los ochenta, cuando conocí a Chuck D, de Public Enemy, a Slick Rick, de Beastie Boys, y a Russell Simmons, el creador del sello discográfico Def Jam. La idea cristalizó cuando el productor musical Jimmy Iovine trajo a Eminem al despacho y los tres nos sentamos a hablar de cómo sería una película sobre el hip hop. Eminem pasó los primeros cuarenta minutos sin decir palabra, al final le dije, ¡Venga, habla, di algo! Me lanzó una mirada, y luego empezó a contar la historia de su vida, la desgarradora historia de su infancia en Detroit. Ésa fue la base de la película.

A partir de la cosa más ajena, puedes ir del mundo tumultuoso, enérgico, rabioso, e inconformista de la música rap al formal, segmentado, analítico mundo de la inteligencia encubierta. Del mismo modo que lanzamos *8 millas,* lanzamos la serie de televisión *24,* con Kiefer Sutherland en el papel del agente Jack Bauer, cuyo trabajo consistía en desmontar los ataques terroristas ideados contra Estados Unidos. Estábamos más imbuidos de lo que se llama *zeitgeist* (espíritu del tiempo) de lo que creíamos. La primera temporada de la serie *24* ya estaba en proceso de producción cuando los atentados terroristas del 11 de septiembre de 2001 golpearon brutalmente a Estados Unidos (el estreno del primer episodio se pospuso un mes para no herir la sensibilidad del espectador tras los atentados). Me encantaba la idea de la serie *24,* y conecté con el sentido de inmediatez y urgencia que intentábamos crear en la serie, por lo que la presentábamos cada semana en tiempo real, una hora de la serie era una hora en la vida de Jack Bauer.

Yo estaba listo para una serie como aquella, llevaba décadas totalmente entusiasmado por el mundo de la inteligencia y las operaciones encubiertas. Había mantenido mis conversaciones acuciadas por la curiosidad con dos directores de la CIA (William Colby y Bill Casey), con agentes del Mossad, servicio de inteligencia Israelí; las agencias de inteligencia británicas, M15 y M16, y con un tipo llamado Michael Scheuer, antiguo miembro de la CIA que en 1996 dirigió la Alec Station, la unidad secreta de la CIA encargada de seguir a Osama bin Laden ante de los atentados del 11 de septiembre.[6]

Me admira la cantidad de información que la gente de los servicios de inteligencia, gente de la cúpula, como Colby y Casey, y gente de primera línea, como Scheuer, pueden registrar y mantener en la cabeza. Tienen muchísimos datos acerca de cómo funciona el mundo *realmente,* y el suyo es un mundo oculto. Conocen sucesos y vínculos que son secretos para el resto de los humanos, toman decisiones basadas en esos secretos, y a menudo son decisiones de vida o muerte.

Así que ya llevaba años y años intrigado por el mundo de los servicios secretos de inteligencia, intentando comprender las motivaciones de aquellos que estaban involucrados en él, y su psicología, cuando surgió la serie *24.* Yo conocía muchas cosas de ese mundo y sabía que ese conocimiento podía ser la base de una historia interesante.

Ésos son los beneficios a largo plazo de las conversaciones motivadas por la curiosidad: las cosas que me producen curiosidad hacen que cree una red de información, contactos y amistades (no muy diferente de las redes de información que los agentes de inteligencia crean). Después, cuando aparece una historia adecuada, aparece toda la información almacenada. La curiosidad significa que me abrí a Jack Bauer en *24,* y también a la antítesis de Jack Bauer, al personaje de Eminem en *8 millas,* el joven rapero Jimmy «B-Rabbitt» Smith.

Y en cuanto a la conversación que mantuve con Daryl Gates, el 30 de abril de 1992, mientras en nuestra ciudad empezaban los disturbios y los incendios, reconocí de inmediato aquella personalidad cuando me surgió la oportunidad de producir *J. Edgar,* la película dirigida por Clint Eastwood sobre la trayectoria profesional del director del FBI J. Edgar Hoover. Leonardo DiCaprio interpretó a Hoover. Si veinte años antes no hubiera dedicado tiempo a entender a Gates, no estoy seguro de que hubiera captado totalmente la realidad de la paranoia controladora de Hoover, a la que tanto Eastwood como DiCaprio supieron darle el toque, la actuación y la luz de *J. Edgar.*

En realidad fue una de mis primeras conversaciones la que me mostró de manera fehaciente que necesitaba llevar ideas a la mesa a fin de hacer películas: fue una conversación de la época de los estudios Warner Bros., cuando yo estaba intentando conocer al menos una persona al día vinculada al mundo del espectáculo.

Ya llevaba aproximadamente un año en los estudios de Warner Bros., trabajando como ayudante para los asuntos legales cuando me las ingenié para tener una cita con Lew Wasserman. En cuanto a las citas se refiere, ésta significó un logro impresionante, un trato tan grande para mí con veinte años como lo serían las de Jonas Salk y Edward Teller décadas después, quizás mayor. Wasserman era el jefe de la empresa MCA, personaje clave en la creación del moderno negocio de las películas, incluido lo que ahora consideramos éxitos de taquilla. Cuando en 1975 acudí a hablar con él, llevaba trabajando en la MCA desde 1936. En la época en que dirigía la MCA; Wasserman tenía contratadas a estrellas de la categoría de Bette Davis, Jimmy Stewart, Judy

Garland, Henry Fonda, Fred Astaire, Ginger Rogers, Gregory Peck, Gene Kelly, Alfred Hitchcock y Jack Benny.[7] La Universal Pictures, de MCA, había producido *Tiburón* e iba a producir *E. T., Regreso al futuro* y *Jurassic Park.*

El día en que fui a verle, Lew Wasserman era sin duda alguna la persona más poderosa del mundo cinematográfico, y yo era indudablemente también la persona menos poderosa. Me costó muchos meses de paciencia conseguir una cita con Wasserman de apenas diez minutos. Hablé varias veces con Melody, su asistente, y en un momento dado le dije: «¿Qué tal si me paso por ahí y la conozco?». Y así lo hice, sólo por poner rostro y personalidad a mi voz.

Cuando finalmente logré ver a Wasserman, no estaba especialmente nervioso o intimidado, estaba excitado. Para mí, aquello era la oportunidad de extraer sabiduría de un hombre que, de hecho, había empezado en el mundo del cine desde un escalón inferior al mío: de acomodador en un cine. Él fue quien prácticamente *inventó* el negocio cinematográfico. Seguramente podía aprender algo de él.

Aquel día, Wasserman escuchó sin demasiada paciencia como estaba resuelto a llegar a ser un productor cinematográfico. Me cortó de inmediato.

«Mira, chaval —dijo Wasserman—, de un modo u otro has conseguido llegar a este despacho. Estás muy motivado, lo veo. Si existe una docena de maneras de llegar a ser productor —tener dinero, conocer gente que tenga dinero, tener contactos, tener amigos en el mundillo, representar a actores o a guionistas—, si existe una docena de maneras de llegar a ser un productor, tú no cuentas con ni una sola de ellas. No puedes comprar nada: no puedes comprar un guion, no puedes comprar un libreto. No conoces a nadie. No representas a nadie. No tienes influencias. En realidad, no tienes nada.

»Pero la única manera de llegar a ser algo en este negocio es tener tu *propio* material. Tienes que ser tú el propietario».

Luego, Wasserman tomó un cuaderno de notas y un lápiz de su escritorio. Metió el lápiz dentro del bloc y me los dio.

«Aquí tienes un cuaderno amarillo —dijo— y un lápiz del número 2. Agarra el lápiz y escribe algo. Tienes que anotar una idea, pues eso es todo lo que tienes, nada más».

Me quedé boquiabierto, estupefacto. Wasserman era la primera persona que se había bajado del carrusel del mundillo del espectáculo para mí y me había dicho: esto es lo que tú, Brian Grazer, puedes hacer para convertirte en productor, para dejar de ser un ayudante.

Escribir.

De lo contrario, todo quedará en agua de borrajas.

Estuve apenas diez minutos con Wasserman, pero me pareció una hora. Ese tiempo con él cambió mis perspectivas del negocio del cine, acabó con mi jovencísimo punto de vista.

Lo que Wasserman me estuvo contando fue que dado que las ideas eran la moneda de cambio en Hollywood, yo tenía que contar con mis propias ideas. Y siguió diciéndome que puesto que no tenía ni dinero ni influencias, tenía que confiar en mi propia curiosidad e imaginación como fuente de ideas. Mi curiosidad valía más que el dinero, pues yo no tenía dinero alguno.

Me fui del despacho de Wasserman sin la libreta y sin el lápiz. Estoy seguro de que me puse nervioso y los dejé allí. Pero hice lo que me sugirió: me dediqué a utilizar mi curiosidad para crear ideas.

~ ~

¿CÓMO INFLUYE ESO en ser una extraordinaria supermodelo como Kate Moss y qué diferencia hay en cuanto a ser una extraordinaria abogada, como Gloria Allred?

Si vamos a hacer películas que parezcan reales, debemos ser capaces de entender muchos rincones del planeta: sitios que funcionan de manera muy diferente a Hollywood. Como he intentado mostrar, utilizo conscientemente la curiosidad para cambiar mi personal punto de vista. Busco gente de otras empresas y de otros colectivos –físicos, médicos, modelos, empresarios, literatos, abogados– y luego intento aprender algo sobre las habilidades y la personalidad que conforman esos mundos.

Pero si alterar el punto de vista de alguien como yo –un creador de películas, un narrador– es útil, imagina lo potente que es para la gente que hace otro tipo de cosas.

Uno quiere indudablemente que su médico pueda ver el mundo a través de sus ojos, que comprenda sus síntomas de manera que le dé lo que necesita para sentirse mejor. También desea uno que el médico sienta curiosidad por los nuevos tratamientos de la enfermedad, para curar y sanar al enfermo. Uno desea a alguien que esté dispuesto a escuchar a sus colegas y a los investigadores con puntos de vista que alteren su manera cómoda y rutinaria de tratar a los pacientes. La medicina está repleta de disrupciones que han cambiado la manera típica de practicarla, empezando con el lavado de manos y las medidas sanitarias y siguiendo con la cirugía laparoscópica y robótica que han salvado o mejorado enormemente la vida de millones de personas. La medicina es uno de esos campos que de manera constante, a veces radical, avanza con precisión gracias a la curiosidad, pero es necesario que haya un médico dispuesto a dejar de lado la comodidad de su manera de pensar para que el paciente pueda beneficiarse de esas mejoras.

Ser capaz de imaginar qué perspectiva tienen los demás es también una herramienta estratégica para afrontar la realidad en una gran variedad de profesiones. Deseamos que nuestros policías detectives puedan imaginar los pasos que seguirán los delincuentes; deseamos que nuestros militares puedan pensar unos cuantos pasos por delante del ejército enemigo; deseamos que los entrenadores de baloncesto intuyan la estrategia de juego de los oponentes y contraataquen. Uno no puede negociar un acuerdo comercial internacional si no comprende las necesidades de los otros países.

En realidad, los mejores médicos, detectives, generales del ejército, entrenadores y diplomáticos comparten toda la capacidad de contemplar el mundo desde la perspectiva de sus rivales. Uno no puede simplemente diseñar su propia estrategia, ejecutarla y esperar a ver qué sucede para responder. Uno tiene que anticiparse a lo que va a suceder, cambiando antes su propio punto de vista.

Esa misma habilidad, aunque en un contexto totalmente diferente, es lo que crea un producto que nos deleita. El genio específico de Steve Jobs radica en diseñar un sistema operativo informático, un reproductor de música y un teléfono que se anticipan a lo que deseamos en informática, para escuchar música y para comunicarnos, y nos lo ofrece antes de que lo lleguemos a conocer. Lo mismo se aplica a un lavaplatos fácil de usar o al mando de un televisor.

Cuando te sientas en el asiento del conductor en un coche que no has conducido nunca, siempre puedes preguntarte si las personas que han diseñado el tablero de mandos han sentido curiosidad sobre la manera en que el usuario utiliza el coche. El indispensable sujetavasos no fue creado por los ingenieros de los grandes coches europeos, como los BMW, los Mercedes, o los Audi. Los primeros sujetavasos aparecieron en los Caravan que Dodge lazó al mercado en 1983.[8]

En el caso del iPhone, los sujetavasos, el lavaplatos de uso fácil, el ingeniero ha hecho algo muy simple pero a veces infravalorado: se ha hecho preguntas. ¿Quién va a usar este producto? ¿Qué va a suceder mientras se esté usando el producto? ¿Cómo de diferente a mí es el cliente?

La gente de negocios exitosa se imagina a sí mismo en el lugar de sus clientes. Al igual que los entrenadores o los generales del ejército imaginan también lo que sus rivales van a hacer, así se preparan para la competición.

Parte de esta curiosidad perturbadora se basa en la rutina. Sam Walton, el creador de Wal-Mart –la empresa más grande del mundo–, durante todos los años que estuvo al frente convocaba a sus gerentes todos los sábados por la mañana. «La reunión de los sábados por la mañana», como le llamaban, tenía dos propósitos: repasar con detalle las ventas de la semana, pasillo por pasillo, nave por nave; y contestar a la pregunta ¿qué está haciendo la competencia que debamos tener en cuenta o imitar? Cada sábado, en la reunión, Walton pedía a sus empleados que se levantaran y hablaran de sus visitas en horas de trabajo a las tiendas de sus competidores, desde K-mart, a Zayre, Walgreens, Rite Aid y Sears.

Walton tenía una regla estricta para esta parte de la reunión: a los participantes sólo se les permitía hablar de lo que los competidores hacían bien. Sólo podían discutir de las cosas que habían visto que eran inteligentes y estaban bien hechas. Walton estaba especialmente interesado en qué era lo que los clientes comprarían fuera Wal-Mart. No le interesaba en absoluto lo que sus competidores hacían *mal*, en lo que no pudiera afectarle negativamente. Pero no deseaba darles más de una semana de ventaja o hacer algo innovador, y sabía que no era lo bastante inteligente imaginarse formas posibles de regentar unos almacenes. ¿Por qué intentar adivinar lo que había en la cabeza de los rivales cuando uno puede simplemente ponerse en su lugar?

Parte de esa curiosidad perturbadora consiste en analizar de manera sistemática qué se está desarrollando en la investigación empresarial y en los programas de desarrollo. H. J. Heinz invirtió tres años en crear la botella de kétchup que se presenta invertida, pero el proyecto se inició cuando los investigadores de Heinz hicieron un seguimiento de los clientes y descubrieron que guardaban las botellas de cristal de kétchup, finas y esbeltas, boca abajo en la puerta de los frigoríficos para poder así aprovechar las últimas gotas de kétchup. La botella invertida que Heinz inventó lleva una innovadora válvula de silicona que mantiene el kétchup, lo libera cuando se aprieta la botella y vuelve a cerrar el paso cuando se deja de apretar. El inventor de esa válvula, un ingeniero de Michigan llamado Paul Brown, dijo a un periodista: «Me imaginé que yo era la silicona y pensé qué haría si me inyectaran en un molde». H. J. Heinz estaba tan decidido a comprender a sus clientes que seguía sus pasos desde sus casas al almacén. El ingeniero Paul Brown estaba tan decidido a resolver un problema que llegó a imaginarse a él mismo como un líquido tipo silicona.[9]

Procer & Gamble, la empresa de productos de limpieza e higiene que aglutina a Tide, Bounty, Pampers, CoverGirls, Charmin y Crest, gasta más de 1 millón de dólares al día en investigar a los consumidores. P&G está tan resuelta a comprender el modo en que limpiamos nuestra ropa, nuestras cocinas, nuestros cabellos y nuestros dientes que los investigadores de la empresa realizan 20.000 estudios al año sobre 5 millones de consumidores, en esas investigaciones el objetivo es principalmente comprender nuestros hábitos y comportamientos. A ello se debe que el detergente para la ropa Tide se presente ahora en pequeñas cápsulas ya medidas: no gotea, no hay que medirlo, no se esparce. A ello se debe que se pueda comprar un bolígrafo Tide que elimina las manchas de unos pantalones o de una camisa aunque se lleven puestos.[10]

Mi planteamiento de la curiosidad es una mezcla de los enfoques que vemos en Steve Jobs, Sam Walton y Procter & Gamble. De hecho, curioso como soy por instinto, no abandono nunca la curiosidad. Si alguna vez entra alguien en mi despacho para hablarme de la música para una película o de las revisiones de un guion de televisión, y esa persona lleva unos zapatos bonitos, empezamos por hablar de los zapatos.

Soy consciente de que no todo el mundo es curioso por naturaleza, o suficientemente atrevido para hablarle a alguien de sus zapatos. Pero aquí está el secreto: eso no importa. Uno puede usar la curiosidad aunque no se considere un curioso instintivo.

Tan pronto como me di cuenta de que el poder que tiene la curiosidad podría mejorar mi vida laboral, trabajé de manera consciente para que la curiosidad formara parte de mi rutina. Hice de ella una disciplina, y después hice de ella un hábito.

Sin embargo, hay una importante diferencia entre los tipos hiperanalíticos de Procter & Gamble y yo. Yo utilizo la palabra «curiosidad» para hablar de lo que hago, para describirlo y para entenderlo. No obstante, el resto del mundo casi nunca habla de este tipo de indagaciones utilizando la palabra «curiosidad».

Es decir, aun cuando somos intencionadamente curiosos, de una manera organizada y premeditada, no lo llamamos «curiosidad». Al entrenador y sus ayudantes que pasan cinco días mirando vídeos para preparar un partido, sus rivales no los consideran «curiosos», aunque se imbuyan del pensamiento, la personalidad y la estrategia del otro equipo. En los clubes deportivos, a esto se le llama simplemente «mirar vídeos». En las campañas políticas, a este tipo de curiosidad lo llaman «estudio de la oposición». Las empresas que gastan enormes sumas de dinero y despliegan enormes esfuerzos para comprender el comportamiento de sus clientes y satisfacer sus necesidades, no tienen «curiosidad» por sus clientes. Utilizan expresiones como «estudios de mercado» o dicen que están desarrollando un «proceso de innovación». (Si se han gastado mucho dinero en consultores para satisfacer su curiosidad, dicen que están desarrollando una «hoja de ruta del proceso estratégico de innovación»).

En 2011, la *Harvard Business Review* publicó un estudio de nueve páginas sobre las medidas de innovación y creatividad de Procter & Gamble. Uno de los autores del informe es el director ejecutivo de investigación tecnológica de P&G, y el escrito es tan largo como este capítulo, que hasta el momento es de 5000 palabras. Los autores afirman describir los esfuerzos de P&G por «sistematizar la *serendipity*, que con tanta frecuencia está en el origen de un nuevo negocio». En Hollywood, a esto le llamamos «un almuerzo». Pero «sistematizar la *serendipity*» –encontrar maneras de descubrir grandes ideas– es exactamente lo que una organización inteligente intenta hacer. Sam Walton estaba «sistematizando la *serendipity*» en las reuniones de los sábados por la mañana. Y yo he «sistematizado la *serendipity*» en mis conversaciones animadas por la curiosidad.

En el estudio de P&G publicado en la *Harvard Business Review,* la palabra «innovación» aparece 65 veces, pero la palabra «curiosidad», ni una sola.[11]

Es una locura, sencillamente no valoramos la curiosidad, ni siquiera la valoramos cuando la estamos utilizando, describiendo y ensalzando.

La manera en que hablamos de esto es reveladora e importante. No podemos comprender, apreciar y cultivar algo si ni siquiera tenemos conocimiento de que exista. ¿Cómo podemos enseñar a los niños a ser curiosos si ni siquiera utilizamos la palabra «curiosidad»? ¿Cómo podemos estimular la curiosidad en el trabajo si no decimos a la gente que sea curiosa?

Esto no es un argumento trivial ni semántico. Vivimos en una sociedad que está cada vez más obsesionada con la «innovación» y la «creatividad».

Hace veinte años, en 1995, la palabra «innovación» se mencionaba diariamente unas ochenta veces en los medios de comunicación norteamericanos, y creatividad se mencionaba unas noventa veces al día.

Tan sólo cinco años después, la mención de la palabra «innovación» había ascendido a 260 veces al día, y «creatividad» aparecía más de 170 veces al día.

Ya en 2010, la palabra «innovación» aparecía hasta 660 veces al día, y «creatividad» apenas algo menos, 550 veces al día.

La palabra «curiosidad» apenas alcanza una cuarta parte de estas menciones en los medios de comunicación, en 2010 alrededor de 160 veces al día. Es decir, hoy día la curiosidad es objeto de tan pocas menciones como las palabras «creatividad» e «innovación» lo eran hace una década.[12]

Las grandes universidades norteamericanas publican en línea bases de datos de sus «expertos» que pueden consultar los medios de comunicación y las empresas. El Massachusetts Institute of Technology (MIT) nombra a nueve miembros de sus diferentes facultades que se autocalifican de expertos en creatividad y veintisiete expertos en innovación. ¿Ofrece la Facultad de Stanford charlas sobre la curiosidad? Ni una sola.

Es importantísimo cultivar la creatividad y la innovación, eso es lo que ha impulsado nuestra economía y eso es lo que mejora de una manera tan acentuada el modo en que vivimos: desde la telefonía hasta la distribución comercial, de la medicina al ocio, de los viajes a la educación.

Siendo indispensables como son, la creatividad y la innovación son difíciles de medir y casi imposibles de enseñar. (¿Has conocido alguna vez a alguien que careciendo de la capacidad de crear e innovar haya asistido a un curso y se haya convertido en una persona creativa e innovadora?). De hecho, a menudo no nos ponemos de acuerdo sobre la idea de lo que es creativo o innovador. Es muy común que alguien proponga una innovación que considera brillante y a los demás les parezca una bobada.

En efecto, creo que esta insistencia en ser creativo e innovador puede resultar perjudicial. Puede que la típica persona que trabaja en un cubículo no se considere ella misma creativa o innovadora. Quienes no trabajamos en la investigación empresarial o en un departamento de desarrollo tenemos claro que la «innovación» no es nuestra tarea, pues de eso ya se encarga otro departamento. En realidad, ya pensemos que somos creativos o no, en la mayoría de los lugares de trabajo está muy claro que la creatividad no forma parte de nuestras tareas, de ahí que cuando llamamos al teléfono de atención al cliente, el interlocutor nos da una respuesta estándar, no habla con nosotros.

Al contrario que la creatividad y la innovación, la curiosidad es por su propia naturaleza más accesible, más democrática, más fácil de ver y más fácil de practicar.

De mi propia experiencia cazando cientos de ideas de películas para los estudios de producción, sé muy bien cuántas veces reciben un «no» como respuesta a sus brillantes ideas, no siempre, pero sí un 90 por

100 de las veces. Hay que tener mucho aguante para soportar tanto rechazo. No creo que la mayoría de la gente considere que la pagan por concebir ideas que luego son rechazadas. (En el mundo del cine, lamentablemente, no nos pagan nada sin haber tenido ideas rechazadas, pues la única manera de conseguir un «sí» es haber pasado antes por un montón de «noes»).

He aquí el secreto que parecemos no entender, la extraordinaria conexión que no estamos haciendo: la curiosidad es la herramienta que prende la llama de la creatividad. La curiosidad es la técnica que lleva a la innovación.

Las preguntas crean una mentalidad de innovación y creatividad. La curiosidad supone que al otro lado debe de haber algo nuevo. La curiosidad presume que debe de haber algo más que nuestra propia experiencia. La curiosidad permite la posibilidad de que nuestra manera de pensar no sea la única manera, ni la mejor manera.

En el capítulo 1 dije que la curiosidad es el pedernal que produce grandes ideas para crear historias. Pero la verdad es mucho más amplia: la curiosidad no sólo genera historias, genera inspiración en toda aquella tarea que uno emprenda.

Uno siempre puede ser curioso. Y la curiosidad empuja a encontrar una gran idea.

Sam Walton no quería pasearse por los pasillos de sus almacenes intentando inspirarse en crear algo nuevo, eso hubiera sido tan poco útil como contemplar los tráileres vacíos de Wal-Mart en busca de inspiración. Él necesitaba tener una perspectiva diferente del mundo: como la que yo encontré con el jefe Gates o con Lew Wasserman. Sam Walton quería innovar en el lugar más común: un almacén. Empezó mostrando curiosidad en los otros detallistas, y se hacía una y otra vez la misma pregunta: ¿qué están haciendo nuestros competidores?

Yo no me quedo sentado en mi despacho mirando Beverly Hills por la ventana y esperando que las ideas para hacer películas aparezcan flotando en mi campo de visión. Hablo con otras personas, busco su punto de vista, su experiencia y sus historias, y de ese modo multiplico mis propias experiencias.

Lo que hago es seguir haciendo preguntas hasta que aparece algo interesante.

Eso es algo que podemos hacer todos. Podemos enseñar a la gente a hacer buenas preguntas, y podemos enseñarles a utilizar las respuestas para realizar la siguiente pregunta. El primer paso es considerar las preguntas en sí como algo valioso, tanto como la respuesta, y empezar con nuestros propios hijos. Si contemplas con respeto la pregunta, la persona que la realiza casi siempre escucha la respuesta con respeto (aunque no respeten la respuesta).

Ser curioso y hacer preguntas crea un compromiso. Utilizar la curiosidad para alterar el punto de vista propio casi siempre vale la pena, aunque no funcione del modo que se esperaba.

Ésta es la parte divertida de la curiosidad: sorprende. Si sólo obtienes las respuestas que has anticipado, es que no estás siendo curioso. Cuando recibes respuestas que te sorprenden es cuando te cercioras de que realmente estás cambiando tu propio punto de vista. Pero quedar sorprendido puede resultar también incómodo, y eso es algo que conozco bien.

Como ya he contado, una de las personas con las que estaba resuelto citarme y tener una de mis conversaciones y con la que empecé en el mundo del cine fue Edward Teller. Desde mi juventud, Teller había sido para mí una figura destacada, aunque no necesariamente de una manera positiva.

Él era un físico brillante que trabajaba en el Manhattan Project desarrollando la bomba atómica. Una de las primeras preocupaciones acerca de la bomba era que la reacción nuclear de una bomba atómica no acabara nunca una vez iniciada, que una única bomba acabara con todo el planeta. Fueron los cálculos de Teller los que determinaron que una bomba atómica, si bien contenía una enorme potencia destructiva, tenía un impacto determinado.

Teller continuó dirigiendo la creación de la bomba de hidrógeno: mil veces más potente que la bomba atómica. Se convirtió en el director del primer centro de investigación de armas nucleares, el Laboratorio Nacional Lawrence Livermore, ubicado en California. Era mucho más que un físico brillante, era un acérrimo defensor, un apasionado de la importancia de la utilización de las armas nucleares en la defensa de la nación.

En la época en que yo trabajaba como productor cinematográfico, Teller estaba en la setentena y había encontrado un refrescante rol en la defensa y diseño del controvertido escudo de misiles Star Wars del presidente Ronald Reagan, llamado en un principio Iniciativa de Defensa Estratégica. Teller tenía una personalidad irascible y difícil, se dice que fue él quien inspiró el personaje del «doctor Strangelove» de la película de 1964 de Stanley Kubrick.

Deseaba conocerle simplemente porque quería llegar a entender la personalidad de alguien apasionado en inventar el arma más destructiva de la historia de la humanidad. Como era de esperar, me resultó extraordinariamente difícil conseguir una cita con Teller. En su despacho no respondían las llamadas telefónicas. Yo escribía cartas, montones de cartas. Me ofrecí tomar un avión para llegar a él. Finalmente, un día de 1987 recibí una llamada en la que me decían que el doctor Teller, que en aquel entonces tenía 79 años y estaba trabajando en el proyecto Star Wars, iba a pasar por Los Ángeles; tenía una escala de unas pocas horas y las pasaría en un hotel cercano al aeropuerto. Si deseaba acercarme al hotel, podría verle durante una hora.

En el vestíbulo del hotel me esperaban dos militares. Me acompañaron a la *suite* de Teller, que tenía dos habitaciones adjuntas en la que estaban otros militares y ayudantes del físico. No me vi a solas con él.

Desde el principio parecía tenerme bastante miedo.

Fue brusco e indiferente. No parecía estar en absoluto interesado por mi presencia. Uno sabe si la gente está interesada o simplemente pretende ser educada, si está interesada irradia cierta energía. Daryl Gates tenía realmente ese halo de energía, Teller no.

La indiferencia hace realmente difícil la comunicación. Parecía saber muy bien que llevaba un año intentando hablar con él, y eso le irritaba. Empezó rezongando y no cambió de actitud.

Era ciertamente muy inteligente, muy erudito, pero también prepotente. Intenté preguntarle acerca de sus herramientas de trabajo, pero no llegué muy lejos. Lo que dijo fue: «Avanzo en tecnología tanto como es posible. Y ésa es mi misión».

En nuestra conversación, expuso una barrera similar a la de alguien que está hablando de crear un nuevo continente americano. Entre nosotros había un invisible muro de cristal.

Teller me estaba enviando un mensaje claro: yo no era importante para él, le estaba haciendo perder tiempo.

Para ser sincero, cuando uno se encuentra con alguien como Teller —el cual había tenido un impacto increíble en unos sucesos que habían cambiado el mundo—, lo que espera es conseguir algún tipo de secreto.

El secreto de la seguridad global, o de la seguridad norteamericana. El secreto de quiénes son ellos.

Uno espera alguna opinión, algún un gesto, alguna actitud.

Se trata de una expectativa un tanto fatua, ciertamente. Es difícil obtener secretos de alguien en un encuentro de tan sólo cuarenta y cinco minutos.

Parecía que no iba a sacar de Teller más que desprecio.

Le pregunté acerca de la televisión. Me respondió: «No la veo».

Le pregunté acerca del cine. Me respondió: «No veo cine, la última película que vi fue *Dumbo*, hace cincuenta años».

El gran físico nuclear había visto una de mis más apreciadas películas, *Dumbo*, unos dibujos acerca de un elefante volador.

En realidad, lo que me estaba diciendo era que no creía que lo que yo hacía tuviera algún valor. No le interesaba en absoluto el tema. Y no es que no le importara, es que lo desdeñaba. En cierto modo me sentí ofendido. ¿Por qué había accedido a verme, sólo para ser desagradable conmigo? Pero de hecho, yo sólo estaba ofendido en parte, su desdén me fascinaba.

Finalmente, le clasifiqué como una persona perturbadoramente negativa, llegó a mí de un modo que nunca olvidaré.

Teller era claramente un patriota apasionado, casi un fanático. Le preocupaba Estados Unidos, le preocupaba la libertad, y, a su manera, le preocupaba la humanidad.

Pero lo más interesante, lo pienso cuando tengo tiempo para dedicarle, es que él parecía carecer de humanidad, parecía inmune a cualquier conexión humana.

Cuando conocí a Teller yo ya estaba bien asentado como productor de cine, pero uno sale humillado de un encuentro así. Me sentí como si me hubieran dado una patada en el estómago.

Eso no significa que me arrepintiera de haber dedicado un año a perseguir a Teller. De un modo que no había esperado, su personalidad encajaba con sus logros. Así es la curiosidad, uno no siempre consigue lo que piensa que va a conseguir.

E igualmente importante es que uno no sabe necesariamente cómo va a ser recibida su curiosidad. No todo el mundo aprecia ser objeto de curiosidad, y eso también es una manera de ver el mundo desde la perspectiva de otra persona.

Aunque realmente conseguí lo que esperaba: una imagen real de Edward Teller. Capté exactamente el mensaje que el doctor Teller estaba enviando sobre nuestra relativa posición en el mundo.

La curiosidad es arriesgada, pero es buena. Ésa es la manera en que uno aprende lo valiosa que es.

CAPÍTULO TRES

La curiosidad en el interior del relato

·····························

La mente humana se rinde incondicionalmente ante un relato.

JONATHAN GOTTSCHALL[1]

CUANDO VERÓNICA DE NEGRI RELATA la historia de su vida resulta difícil vincular los detalles de lo que estás escuchando con la mujer reposada y serena que está sentada a tu lado.

De Negri era contable en una empresa papelera, vivía con su marido y sus dos hijos pequeños en Valparaíso, Chile, una ciudad portuaria de quinientos años de antigüedad tan bella que se la conoce como «la joya del Pacífico».

En su tiempo libre, De Negri trabajaba con los sindicatos y con grupos de mujeres en Valparaíso, y a principios de los años setenta trabajó también para el presidente del Gobierno de Chile Salvador Allende.

Allende fue derrocado en 1973 por el hombre que estaba al mando del Ejército chileno, el general Augusto Pinochet. El golpe militar fue tan violento que en un determinado momento las Fuerzas Aéreas chilenas bombardearon el palacio presidencial de su propia nación, en Santiago de Chile, en un intento de desalojar de él a Allende. Pinochet asumió el poder el 11 de septiembre de 1973 e inmediatamente empezó a detener y a hacer «desaparecer» a los chilenos que veía como oponentes o potenciales oponentes.

Puede que por su trabajo sindical o por su trabajo con Allende, oficiales de la Marina chilena fueron a por Negri en 1975, la sacaron de su apartamento y la llevaron a una base en Valparaíso de la Inteligencia del Cuerpo de Marina. Verónica tenía 29 años y sus hijos, 8 y 2. A su marido también le detuvieron ese mismo día.

En esos momentos, las fuerzas militares de Pinochet habían arrestado, encarcelado y torturado a tantos chilenos, 40.000 en total, que el dictador tuvo que crear una red de campos de concentración por todo el país para poder controlarlos.

De Negri fue llevada en primer lugar a la base militar marina de Valparaíso. Al cabo de varios meses, la trasladaron a un campo de concentración en Santiago, la capital. En ambos sitios fue torturada de manera sistemática, incansable, casi científica, días tras día y durante meses.

Conocí a Verónica de Negri en uno de los sitios más improbables: en la playa de Malibú, en California. A finales de la década de los ochenta yo vivía en la playa de Malibú, y entre mis vecinos se encontraban el músico Sting y su mujer, Trudie Styler. Un domingo por la tarde, ellos invitaron a cenar a su casa frente a la playa a un pequeño grupo de personas.

«Quiero que conozcas a alguien –me dijo Sting–, se llama Verónica de Negri. Estuvo presa y fue torturada en el Chile de Pinochet». Sting estaba trabajando para Amnistía Internacional y a través de esa organización había llegado a conocer bien a Verónica.

Ella en aquellos días se había trasladado a vivir a Washington D. C. Después de salir del campo de concentración de Santiago de Chile, volvieron a detenerla varias veces para recordarle que estaba siendo vigilada. Después fue expulsada de Chile y se reunió con sus hijos en Washington, que estaban estudiando en el instituto y en la universidad. Cuando nos reunimos aquel día en casa de Sting, el torturador de Verónica, Augusto Pinochet, seguía en el poder.

Empezamos a hablar y luego dimos un paseo por la playa. La mayor parte del tiempo que estuvo prisionera, Verónica llevaba los ojos vendados. Sus torturadores eran terriblemente ingeniosos. Gran parte de las torturas que le infligían eran puntuales e imprevisibles, de modo que aun cuando no estaba siendo torturada vivía en un continuo estado de angustia y de terror, pues sabía que en cualquier momento se abriría la puerta de su celda y la sacarían de allí para una de las llamadas rondas. No importaba si la última sesión de tortura había acabado hacía una hora o tres días, la siguiente sesión podía ocurrir en cualquier momento.

Los hombres de Pinochet habían planeado que Verónica fuera torturada psicológicamente, aunque en aquel momento no tuvieran el personal para realizar la tortura psicológica.

Utilizaban la misma técnica para hacer la tortura en sí más insoportable. Una de las cosas que practicaban con Verónica era lo que ella llamaba «submarinos». Llenaban un tanque con el agua más horrible imaginable, una agua mezclada con orina, heces, y otros desperdicios. Ataban a Verónica y la sujetaban con una cuerda por medio de una polea de manera que quedaba justo encima del agua. La introducían en el agua y ella tenía que mantener la respiración hasta que la sacaban a la superficie del agua, en medio de toda la porquería que contenía. El tiempo que la dejaban bajo el agua nunca era el mismo, y el tiempo que la dejaban respirar en la superficie tampoco era nunca el mismo.

Me dijo que aquella imprevisibilidad era mucho peor que cualquier otra cosa que le hicieran. ¿Cuánto tiempo podré respirar? ¿Cuánto tiempo podré mantener la respiración? ¿Cuánto tiempo tendré que hacerlo?

Una cosa es oír hablar en las noticias de la crueldad humana, o leer sobre ello, y otra muy distinta era caminar junto a Verónica y escuchar lo que otros seres humanos le habían hecho, es una experiencia totalmente diferente que nunca antes había tenido.

¿Cómo puede una persona hacerle aquello a otra?

¿De dónde surge la fortaleza para sobrevivir al horror?

Se precisa un valor enorme para poder volver a contar aquello a un extraño, para revivir todo y también para asimilar la reacción de la persona que está escuchando la historia.

El coraje de Verónica, y también su autocontrol y su dignidad, me dejaron atónito. Había rehusado a permanecer callada. Verónica me abrió los ojos a un mundo del que nunca habría sido consciente y a todo un conjunto de cualidades y comportamientos humanos en el que jamás habría pensado que existieran.

Verónica de Negri me dio, además de los terribles detalles, algo muy importante. Me dio un aspecto totalmente nuevo de la resiliencia humana.

Uno de los conceptos que realmente me motivan es el que yo considero la «maestría». Deseo saber lo que significa llegar a dominar algo por completo: no ser sólo un agente de policía, sino ser el jefe de Policía; no ser sólo un miembro del servicio de inteligencia, ser el jefe de la CIA; no ser tan sólo un abogado penal, sino ser F. Lee Bailey. Eso constituye un hilo argumental en mi curiosidad, y también es de algún modo el tema principal de algunas de mis películas. Los relatos muestran la amplia gama de la experiencia humana, espero, pero la lucha es con frecuencia la consecución, o la lucha por la consecución.

¿Cómo percibe el éxito, o cómo siente el éxito, un padre o un presidente de Estados Unidos, un músico de rap o un matemático?

Verónica de Negri hizo añicos el concepto de «maestría» que yo tenía. De todas las personas que había conocido, ella era la que se había enfrentado al reto personal más enorme y terrorífico. Pero también era el más básico. Verónica no estaba intentando en aquellos momentos resolver una ecuación matemática, estaba intentado sobrevivir. Intentaba sobrevivir frente a unos personajes inteligentes y diabólicos que buscaban destruirla.

No había ayuda alguna para Verónica, no había ningún rescate. Se enfrentaba al oponente más terrible: unos seres humanos bien armados. La apuesta era total: su salud mental y su supervivencia física. Tenía que buscar en su interior las herramientas necesarias para soportar lo que le estaban haciendo. No disponía de nada más: ni siquiera podía ver a lo que se enfrentaba, pues tenía los ojos vendados.

Después de aquel primer encuentro en casa de Sting, hablé varias veces con Verónica. Con el tiempo llegué a entender que ella había encontrado en su interior una capacidad que la mayoría de nosotros nunca había ni siquiera buscado.

La única manera de perseverar es tener la capacidad de aislarse uno mismo de aquello que le están haciendo. Uno ralentiza el cerebro, se ralentiza él mismo. La gente habla de «fluir» cuando escribe, cuando hace surf, escala o corre, cuando está inmersa en algo que la absorbe por completo.

Verónica me dijo que para sobrevivir a la tortura hora tras hora, día a día durante ocho meses, había recurrido también a un estado de flujo, pero un estado de flujo alternativo que tiene su propio camino. Así es como sobrevivió. No podía controlar el mundo físico, pero sí su reacción psicológica frente a él.

Se trata de un mecanismo, y gracias a él ella se salvó. En realidad se trata de un mecanismo de narración, uno tiene que encontrar una historia diferente que contarse a sí mismo para escapar de la tortura.

La historia de verónica es tan impactante que intentamos llevarla al cine con la película *Tierra de armarios*. La película tiene tan sólo dos protagonistas: una mujer y su torturador. Iba a tener poca audiencia, pues es muy intensa, implacable. Pero yo quería hacer una película que pusiera a los espectadores en el sitio de la persona torturada. La tortura es algo que sucede en todas partes del planeta, y yo deseaba que la gente pudiera verla.

Lo que aprendí de Verónica, su sentido de la maestría, conecta con la psicología de los personajes de muchas de mis películas. La primera vez que leí el relato del astronauta Jim Lovell sobre la explosión y la tragedia de la cápsula Apolo 13, no capté realmente los detalles de la nave espacial, de las órbitas, temas como el del combustible y el dióxido de carbono, y el salir de la atmósfera del planeta. Pero lo que sí capté enseguida fue la sensación de confinamiento de Lovell, de estar atrapado, de encontrarse en el punto físico de vida o muerte en el que él y los astronautas de su tripulación habían perdido el control. Tenían que adoptar la actitud mental de Verónica: crear una narración alternativa, contar con la fortaleza psicológica que les permitiera volver a la Tierra. Creo que también esta película debe mucho a Verónica de Negri.

Cabe quizás esperar que alguien que ha sobrevivido a lo que Verónica sobrevivió se convirtiera en una persona desesperanzada, cínica, falta de esperanza.

Ella no es así en absoluto. Es una persona animosa, una persona inteligente, una persona con fuerza interior. No es risueña ni optimista, pero tiene una enorme energía, una energía intensa.

Y además, Verónica tiene esa increíble capacidad humana de confiar en su propia fuerza psíquica para sobrevivir. Eso es algo que considero apremiante para formar la composición emocional de las personas. Lo que salvó a Verónica fue su carácter, su personalidad, la historia que ella supo contarse a sí misma.

૮૭ ૮૭

La curiosidad te conecta con tu realidad.

Vivo en dos mundos coincidentes que con frecuencia están muy alejados de la realidad: el mundo del cine hollywoodense y el mundo de la narrativa. En Hollywood tenemos la idea de ser el ombligo del mundo. Nuestro trabajo creativo toca la fibra a los estadounidenses, y también a gran parte del resto del mundo; tratamos con actores y directores que son famosos y, en Hollywood, poderosos; poderosos en cuanto a que pueden exigir sueldos enormes, pueden disponer de un ejército de asistentes y técnicos, pueden elegir sus trabajos, pueden crear literalmente un mundo nuevo y pueden reclamar todo tipo de cosas extravagantes con respecto a lo que quieren comer. Nuestros proyectos cinematográficos representan grandes sumas de dinero: dinero para realizar un proyecto en primer lugar y dinero que consiguen cuando tienen éxito en el teatro y en la televisión. Los millones tienen con frecuencia tres dígitos, y ahora estamos en la época de las concesiones de películas de miles de millones de dólares, y en la época de actores que cobran miles de millones de dólares.[2]

De modo que Hollywood tiene una importancia enorme en lo que hacemos, y nosotros damos una importancia enorme a la gente que lo hace. Es fácil olvidarse de la diferencia entre las historias que estamos contando, con la mayor intensidad y peso que sea posible exponer, y el mundo real. Pero puesto que el dinero es algo real, los riesgos son reales, y con frecuencia son muy grandes, el resto es, claro está, el mundo del espectáculo, créeme.

En una película sobre una morgue neoyorquina –*Turno de noche*–, no aparecen cadáveres.

En una serie de televisión sobre la producción de un programa de noticias deportivas no aparecen eventos deportivos, ni deportistas, ni noticias.

En una película sobre la dura realidad de los traficantes –*American Gangster*–, no aparecen drogas ni brutalidad alguna.

Incluso en una gran historia de amor, no aparece nadie enamorado.

Por importante que sea, la historia en sí no es la realidad. Eso puede parecer una cosa obvia, pero no lo es en absoluto. Cuando uno llega a casa y le cuenta a la pareja la «historia» del día que ha tenido, recompone aquellas ocho o nueve horas para enfatizarla, para hacerse con el protagonismo, para dejar de lado lo aburrido (que puede ocupar las ocho o nueve horas). Y uno está contando una historia real sobre un día real.

En el cine y en la televisión, siempre intentamos contar historias reales, ya sea *Frost contra Nixon,* sobre gente real y sucesos reales, o *El Grinch,* sobre la fantasía de un niño. Las historias necesitan ser «reales» en términos emocionales, reales en términos temáticos, pero no necesariamente reales en cuanto a los hechos. Cada película que pretenda presentar una serie de hechos reales, tiene ahora una página web en la que se detalla con pelos y señales todo lo que «hicimos mal»; así pueden verse cómo las películas *Gravity* y *Capitán Phillips* difieren de la realidad. Estrenamos *Apolo 13* el verano de 1995 –antes de que Google estuviera en Internet–, pero en media docena de páginas web se puede leer el modo en que la película se aparta del rescate real.[3] Uno puede incluso ver las diferencias entre la película *Noé,* de 2014, interpretada por Russell Crowe, y el auténtico Noé bíblico, es decir, las diferencias entre la película y la historia «real» de la mítica figura.[4]

Lo cierto es que queremos contar grandes historias, historias fascinantes, de modo que las modificamos todo el tiempo; de hecho, cuando hacemos una película o un programa de televisión, modificamos las historias cada día mientras trabajamos en ellas a fin de conseguir más inmediatez o para que las cosas sucedan más rápidamente. Las modificamos para hacerlas más reales, aunque en realidad nos apartemos de los «hechos». Todos somos narradores, cuentistas, y hacia tercero de primaria todos empezamos a aprender la diferencia entre una historia real y una historia objetivamente corregida.

Es muy fácil dejarse cautivar por el apremio y el carisma de Hollywood. Es un mundo hermético (no ayuda que estemos en California, lejos de las grandes decisiones que se toman en Washington D. C. y la ciudad de Nueva York). Es muy fácil dejarse cautivar por el mundo de las historias contadas por capítulos.

La curiosidad me devuelve a la realidad. Preguntar cosas a la gente real, con vidas apartadas del mundo del cine, es un recordatorio estimulante de todos los mundos que existen fuera de Hollywood.

Uno puede hacer tantas películas como quiera sobre la guerra, videojuegos, revoluciones o cárceles. Sólo son películas. Lo que le hicieron a Verónica de Negri no fue una película, fue real: su dolor y su supervivencia.

ℭⅫ ℭⅫ

CUANDO VEMOS una película que nos absorbe por completo, ¿qué nos sucede? Me refiero a una de esas películas en las que uno pierde el sentido del tiempo, cuando desaparece todo a excepción de lo que sucede en la pantalla: los personajes y su mundo. Una de esas películas en las que uno sale a la calle, parpadeando y volviendo a la realidad, pensando y cavilando.

Cuando nos hemos dado un atracón de ver los últimos capítulos de series como *Arrested* o *House of Cards,* ¿qué hace que volvamos a darle al botón del *play* una vez más, o seis veces seguidas?

Cuando leemos un libro, ¿qué nos sujeta al sillón, pasando páginas y páginas sin encontrar el momento de cerrar el libro e irnos a dormir?

La Radio Nacional Pública sabe lo fascinante que pueden ser las historias radiadas. La RNP ha comprendido que la gente con frecuencia aparca, apaga el motor del coche, se sienta en la autovía y espera a oír el final de una historia concreta que no ha acabado aún. LA RNP llama a eso «momentos de carretera».[5] ¿Por qué alguien antepone escuchar los tres últimos minutos de una historia a ir a ponerse a cenar con la familia?

Por curiosidad.

La curiosidad hace que uno siga pasando las páginas de un libro, se quede enganchado viendo un episodio más y pierda la noción de la hora y del tiempo sentado en la butaca de un cine. La curiosidad crea los «momentos de carretera» de la RPN.[6]

La curiosidad es la pieza fundamental de una gran narración, el poder que tiene una historia para mantener la atención, para crear el impulso irresistible que lleva a pensar: ¿qué va a pasar ahora?

Las buenas historias tienen muchos tipos de elementos potentes. Tienen unos personajes fascinantes, o dilemas dramáticos o relevantes. Tienen buenas interpretaciones, buenos guiones y voces extraordinarias. Tienen también unos argumentos sorprendentes, con ritmo, y unos escenarios que te transportan al lugar de los hechos. Crean un mundo al que uno se ve arrastrado fácilmente para luego perderse en él.

Pero todo ello está al servicio de un objetivo: hacer que uno se preocupe. Puede decirse que uno se preocupa por los personajes, pero en realidad lo que le preocupa es lo que va a pasar a continuación. ¿Cuál será el final? ¿Cómo se desarrollará la trama del guion? ¿Cómo se deshará el nudo de la trama de las relaciones humanas?

Una historia puede tener o no tener ese punto memorable. Puede ser entretenida o convincente o puede no serlo; puede ser divertida, triste, sobrecogedora o puede incluso enfurecer.

Pero ninguna de esas cualidades importa realmente si uno no capta la historia total, si en realidad no ve la película o lee el libro. Si no te quedas atrapado, poco importa el tema de la historia. Para ser efectiva, la historia tiene que dejarte clavado en la butaca, ya estés leyendo en tu Kindle, sentado en el coche escuchando la radio, o en la sala de un cine.

El trabajo sustancial de una buena historia es despertar la curiosidad.

¿Cuántas veces has empezado a leer un periódico o una revista con unos grandes titulares acerca de un tema que te interesa y al cabo de unos cuantos párrafos lo dejas pensando que la historia no da lo que promete?

La curiosidad es el motor que impulsa una buena historia, aunque creo que existe una conexión aún más poderosa entre ambas cosas.

El relato y la curiosidad son realmente imprescindibles entre sí, se refuerzan y se animan entre ellos. Pero pueden hacer mucho más, la curiosidad ayuda a crear la historia, y no cabe duda de que la historia despierta la curiosidad.

En sí misma, de manera aislada, la curiosidad es divertida y enriquecedora, pero su valor y su diversión se magnifican compartiendo lo que uno aprende.

Si vas al zoológico y ves los nuevos cachorrillos panda, o vas a Florencia y te pasas tres días viendo arte renacentista, no hay nada igual como volver a casa y contar a la familia y los amigos «la historia» de tu viaje. Leemos en voz alta los chismes que aparecen en el periódico, la mitad de lo que se publica en Twitter se propaga a través de gente que dice: «Fíjate lo que acabo de leer, ¿tú crees?». Parte del recorrido de un Twitter se debe a que una persona lo ha encontrado lo suficiente interesante como para compartirlo, es un trayecto a través de la versión de la curiosidad cliqueada.

Si retrocedemos a las primeras tribus de la humanidad, comprobamos que la transmisión de algunas historias fue imprescindible para la supervivencia. La primera persona que descubrió un manantial de agua tuvo que comunicarlo. La madre que tuvo que arrancar a su hijo de las garras de un puma tuvo que contarlo. La persona que descubrió las patatas silvestres e ideó el modo de cocinarlas y comerlas tuvo que comunicarlo a los demás.

La curiosidad es extraordinaria, pero si lo que aprendemos se disipa, si no va más allá de nuestra propia experiencia, no ayuda realmente.

La curiosidad en sí es esencial para sobrevivir. Pero el potencial del desarrollo humano proviene de compartir lo que se aprende y acumular la experiencia.

Y eso es lo que son las historias: conocimiento compartido.

La curiosidad nos induce a explorar y a descubrir. Las historias, las narraciones, nos permiten compartir el conocimiento y el entusiasmo de lo que hemos descubierto. Y a su vez esa historia inspira curiosidad a la gente a la que se la transmitimos.

Si sabes que hay un manantial cercano, de inmediato sientes curiosidad por encontrarlo. Si escuchas que hay un alimento nuevo, la patata, sientes curiosidad por comerla y por saber a qué sabe.

E incluso las historias actuales que nos dejan emocionalmente satisfechos con frecuencia nos despiertan curiosidad. ¿Cuánta gente que ha visto *Apolo 13* –que tiene un final totalmente satisfactorio– no ha deseado saber más acerca de esa misión, del Programa Apolo o de las misiones espaciales en general?

Existe una profesión que vincula la curiosidad y el relato: el periodismo. En eso consiste ser un reportero, aunque en realidad todos somos narradores. En nuestras propias vidas y en nuestras relaciones, todos somos periodistas y reporteros. Twitter, Instagram, redes sociales, blogs, son maneras modernas de contar lo que está pasando en nuestras vidas. ¿Qué es la antigua sobremesa tras una comida sino una especie de puesta a punto de las noticias y eventos familiares?

La mayor parte del peso de una historia cae en su carga emocional. Ahí están el humor, la dicha, el entusiasmo, lo inolvidable. En gran parte, aprendemos a comportarnos a partir de las historia de cómo se comportan otras personas, ya sea a partir de las historias que cuentan unas niñas de instituto a la hora de comer, unos ingenieros informáticos que no han tenido éxito con la presentación de sus productos a un cliente nuevo, o Jane Austen en la novela *Sentido y sensibilidad*. Con las historias aprendemos sobre el mundo, pero también sobre otras personas, sobre lo que les pasa por la cabeza y cómo eso difiere de lo que nos pasa a nosotros por la nuestra.

Desde el momento en que nacemos, desde el momento en que nos despertamos a primera hora de la mañana, estamos repletos de historias. Incluso cuando estamos durmiendo, nuestro cerebro nos cuenta historias.

Una de las grandes preguntas no resueltas de la historia es la siguiente: ¿por qué los seres humanos han evolucionado tanto social e intelectualmente en comparación con otros animales?

Puede deberse al dedo pulgar.

Puede deberse al tamaño y estructura de su cerebro.

Puede deberse al lenguaje.

Puede deberse a su capacidad de asir cosas y utilizar el fuego.

Pero puede deberse a la habilidad única del ser humano contando historias, y a su reflejo de vincular curiosidad con narración; como en la espiral de los dibujos de M. C. Escher, las historias y la curiosidad se reflejan una en la otra, como en un espejo. Eso es lo que nos permite tener éxito y ser humanos.

ᭇ᭟ ᭇ᭟

A MEDIDA QUE ME IBA haciendo mayor, se vio que mi capacidad lectora era bastante mala. En los primeros años de primaria, no sabía leer. Miraba las palabras de una página, pero no tenían ningún sentido para mí. No podía leerlas, no podía conectar los símbolos impresos en un idioma que conocía y utilizaba a diario.

Cuando era niño, en los años cincuenta, sólo había dos razones para no saber leer todavía en tercero de primaria: o eras un tonto o eras un rebelde. Pero yo estaba tan sólo confundido, frustrado y aburrido del colegio.

Hasta unos diez años más tarde de aquella época no se empezó a hablar de la dislexia. Hoy día me habrían calificado de disléxico.

En la escuela primaria saqué una calificación F (muy deficiente), y ocasionalmente una D (deficiente). Mi salvadora fue mi abuela: Sonia, la madre de mi madre, una clásica abuela judía de 1,50 de altura. Siempre me decía que yo era especial.

Mi madre estaba preocupada, ¡su hijo estaba suspendiendo en primaria! Me buscó un profesor de lectura que lentamente me fue enseñando a enlazar las letras y las palabras. En cambio, mi abuela seguía imperturbable, era un buen contrapunto. Tan sólo me decía: «Eres curioso. Esa curiosidad es buena, ¡es una gran cosa!». Mi abuela veía más allá de las notas del colegio, era como si pudiera ver lo que pasaba en mi cabeza. Sabía que yo tenía tantas ansias de aprender como cualquier otro niño, pero me era difícil satisfacer esas ansias.

Mi abuela me ayudó a ser un soñador, me dijo: «¡No dejes que el sistema te defina, tú ya estás definido: eres curioso!».

Vaya cosa que decir a un niño de primaria: ¡No dejes que el sistema te defina! Pero gracias a Dios, lo dijo. Mi abuela me enseñó muchas cosas, pero una de las más importantes fue que todo lo que uno necesita es un paladín.

Cuando no sabes leer y luego aprendes a hacerlo con mucho esfuerzo, suceden dos cosas. La primera es que en la escuela te escondes. Si no sabes leer no puedes contestar a las preguntas del profesor, así que yo siempre me escabullía, no levantaba nunca la mano, intentaba ser invisible. Intentaba no sentirme humillado.

Cuando leer es una tarea difícil, uno se priva de lo que la gente aprende leyendo. Queda aislado de las historias. Para la mayoría de la gente, leer es una herramienta maquinal: a veces es difícil, si el tema lo es, pero con frecuencia es fuente de dicha o placer. Y siempre es fuente de grandes historias.

Leer me era tan difícil que no podía seguir un libro por simple diversión, por el simple hecho de ser trasportado a un mundo en el que muchos niños penetran, y también los adultos, claro está. Y no podía decidir qué cosas me interesaban, como lo hacía un chaval de sexto de primaria —el sistema solar, las ballenas, Lincoln—, e ir a la biblioteca a consultar un montón de libros sobre esos temas.

Tuve que aprender a ingeniármelas para leer lo que deseaba leer, y también a ser paciente y resolutivo.

En el instituto, mi capacidad lectora fue mejorando gradualmente. Si lo que tuve fue dislexia, parece que la fui superando a medida que fui creciendo. Ya de adulto, leo, leo guiones, periódicos, libros y revistas, anotaciones y correos electrónicos; pero cada página me cuesta un esfuerzo, es un trabajo que no desaparece. Para mí, leer, para cualquier persona disléxica, creo, es como las matemáticas para muchos: tienes que trabajar tanto para meterte el problema en la cabeza que al final pierdes el hilo de lo que el problema en sí pide. Aún hoy día, a mis sesenta años, el esfuerzo físico de leer consume parte del placer de lo que estoy leyendo.

Lo que considero sorprendente es que a pesar de mi batalla con la lectura, hay dos cosas que han prevalecido en mí: la dicha de aprender y mi pasión por las historias. Yo era un niño que lo único que deseaba era evitar que le hicieran preguntas en clase, y ahora me encanta tener la oportunidad de ser un estudiante entusiasta, de preguntar cosas a gente que descubre por ella misma las respuestas.

Fui un niño que no tuvo el placer de perderse con los grandes clásicos: *James y el melocotón gigante*, *La telaraña de Carlota*, *Una arruga en el tiempo, El guardián en el centeno;* pero ahora me paso la vida ayudando a crear ese tipo de historias, estimulantes y maravillosas, pero en la pantalla de cine.

Me encantan las buenas historias, me gustan tal como fueron descubiertas originalmente: contadas en voz alta. Por eso son tan importantes para mí las conversaciones nacidas de la curiosidad y son tan divertidas. He hablado de algunas de las dramáticas, pero la mayor parte de ellas transcurrió en mi despacho. Algunas han sido como leer una historia de la portada del *Wall Street Journal,* tan cristalinas que nunca las olvidaré.

Siempre me han interesado mucho el protocolo y las buenas maneras: ¿cuál es la manera correcta de comportarse? ¿Cuál es la manera correcta de tratar a la gente? ¿Por qué es importante quién abre la puerta y dónde hay que colocar los cubiertos en la mesa?

Una vez, invité a charlar a Letitia Baldrige, la gran experta en cualquier tipo de protocolo, famosa por ser la secretaria de Jacqueline Kennedy y por contribuir a hacer de la Casa Blanca de los Kennedy un centro de arte y cultura. Baldrige dejó la empresa Tiffany & Co., para trabajar en la Casa Blanca, y después trabajó como columnista en un periódico y escribió muchos libros sobre el protocolo y las buenas maneras. Era una persona alta, mucho más alta que yo, y cuando vino a hablar conmigo ya tenía el cabello blanco. Entró en mi despacho con elegante autoridad.

Letitia Baldrige me hizo comprender la diferencia entre «etiqueta» y «modales», algo que nunca antes había entendido.

Los buenos modales son realmente la base de cómo tratar a los demás, nacen de la compasión, de la empatía, de las «reglas de oro». Los modales son sencillamente lo que hace que la gente se sienta acogida, cómoda y respetada.

La etiqueta es el conjunto de técnicas que se usan para tener buenos modales. La etiqueta es un subproducto. La manera en que uno invita a alguien a un evento marca una gran diferencia. La manera de saludar a la gente, la manera de presentar una persona a otras que ya estaban allí, la manera de ayudar a sentarse a alguien.

Los modales son, literalmente, el modo en el que uno desea comportarse, y el modo en que uno quiere que se sienta la gente. La etiqueta o protocolo es la diversificación del deseo de tratar a las personas con gracia y calidez.

Me encanta esa distinción. Para mí, esclarece tanto una cosa como otra, y hace que ambas sean comprensibles y prácticas. Uso un poco de cada una de las cosas que Letitia Baldrige me enseñó. Abres la puerta del coche de tu pareja no porque no pueda hacerlo ella, sino porque la quieres. Dispones los cubiertos en la mesa de una determinada manera para que tus invitados se sientan cómodos y supuestamente más relajados durante la comida.

Como me dijo Letitia, la sensación que intentas crear –hospitalidad, calidez– es mucho más importante que seguir una determinada norma. Uno puede seguir las normas, pero si lo hace con una actitud desdeñosa, estará siendo maleducado a pesar de seguir el protocolo perfecto.

No todas las conversaciones son así de prácticas. Una de mis favoritas fue con alguien que, a primera vista, podría parecer el extremo opuesto de la experta en modales Letitia Baldrige: Sheldon Glashow, el físico de Harvard que ganó el Premio Nobel de Física en 1979 con 46 años de edad, si bien las investigaciones que le honraron las hizo cuando tenía 28 años.

Hicimos volar a Glashow de Cambridge a Los Ángeles. Llegó una mañana a mi despacho y parecía tan encantado en conocer a alguien influyente en el mundo del cine como yo lo estaba de conocer a alguien de su prestigio en el mundo de la ciencia.

Cuando vino a verme, en 2004, tenía 72 años y era uno de los hombres más sabios en el mundo de las partículas. El trabajo pionero de Glashow consistió en hacer ver que lo que los físicos creían que eran cuatro fuerzas fundamentales de la física podían ser realmente tres: él contribuyó a «unificar» la fuerza nuclear débil y la fuerza electromagnética (las otras dos son la fuerza nuclear fuerte y la gravedad).

Yo disfruto intentando conseguir entender la física de las partículas. Me gusta del mismo modo que hay personas a las que les gusta comprender la complejidad de la geología, el mercado de divisas o el póker. Se trata de un mundo arcano, con una terminología distinta y todo un reparto de personajes: la física de partículas es como un universo distinto, y en cambio es el universo en el que vivimos. Todos estamos hechos de quarks y hadrones y de fuerzas electromagnéticas débiles.

Una vez en mi despacho, Glashow no pudo mostrarse más entusiasta ni más abierto. Profano como soy en el tema, estuvo contento de hablarme del lugar que la física de las partículas ocupaba en la actualidad. Era el prototipo de un profesor paciente y complaciente que si no entiendes algo, intenta explicártelo de otro modo.

Glashow es profesor además de científico. La mañana que ganó el Premio Nobel tuvo que cancelar su clase de las 10, la cual trataba de la física de las partículas y estaba dirigida a los universitarios Harvard. Mostró curiosidad por el mundo del cine, le gustaban ciertamente las películas, colaboró con Matt Damon y Ben Affeck en la película *El indomable Will Hunting* y en los créditos consta el agradecimiento por este trabajo.

Glashow era lo opuesto a Edward Teller. Se alegró de la oportunidad de charlar, dedicó un par de días a la visita y se mostró interesado en todo. Por lo general, para estas conversaciones, buscamos un espacio en la agenda de una a dos horas. Glashow y yo estuvimos charlando cuatro horas. La sensación que tuve cuando él abandonó mi despacho es que me gustaría volver a hablar con él.

Seguro que en la historia de una revista o un periódico contada por un buen periodista se habría sacado más jugo que el que yo conseguí en mis charlas con Letitia Baldrige y Sheldon Galshow, pero yo habría tenido que hacer tanto esfuerzo por leerlo que creo que me hubiera perdido todo el aspecto lúdico.

Siempre tengo en cuenta que mis conversaciones desde la curiosidad son un privilegio extraordinario, pues la mayoría de la gente no lleva una vida que le permita llamar a la gente e invitarla a charlar. Pero hay algo especial en este tipo de curiosidad que no es único para mí, o para el lugar que ocupo: conocer a la gente en persona es algo totalmente diferente a verla en TV o a leer sobre ella. La viveza y la energía de la personalidad de un individuo sólo se hacen patentes cuando le estrechas la mano y le miras a los ojos, cuando le oyes contar una historia. Eso tiene para mí una fuerza emocional extraordinaria, una fuerza real. Es aprender sin que te enseñen, es aprender a través de una narración.

Este tipo de curiosidad en vivo te permite sorprenderte. Tanto Baldrige como Glashow fueron sorprendentes, mucho más de lo que me habría imaginado.

Baldrige se centraba en los modales, no en el protocolo. Según su experiencia, al más alto nivel de lo que se puede llamar protocolo formal –desde Tiffany a los almuerzos de estado de la Casa Blanca–, lo que ella buscaba en realidad era que la gente se tratara bien entre ella. Era una figura legendaria en cuanto a reglas de protocolo, pero para ella los modales no consistían en cumplir las reglas, eran cortesía y hospitalidad.

Glashow trabaja en un aspecto de la ciencia que es tan arcano que requiere tantos años de aprendizaje *después* de la universidad como antes para poder llegar a un punto desde el cual empezar a hacer progresos. Y aun así era un individuo totalmente opuesto a alguien inaccesible y cerrado en sí mismo.

Fue maravilloso conocer a un brillante físico que no cumplía con el cliché del científico absorto. Era una persona totalmente abierta al gran mundo.

Mi opinión es que no es necesario citarse con la secretaria de la Casa Blanca ni no un premio Nobel para tener este tipo de experiencias. Cuando alguien nuevo se incorpora en tu empresa, cuando te sientas con otros padres para ver jugar a futbol a tu hijo, cuando te sientas junto a un extraño en un avión, o asistes a una conferencia, todas esas personas que te rodean tienen historias que contarte. Vale la pena darte la oportunidad de ser sorprendido.

        ↶↷ ↶↷

A Condolezza Rice la conocí en una fiesta en Hollywood. Siempre me había intrigado. Es pianista. Fue profesora de ciencias políticas en la Universidad de Stanford, y después rectora de ésta. Y, claro está, consejera del Departamento de Seguridad del presidente George W. Bush durante cuatro años y secretaria de Estado durante cuatro años. Tiene una gran presencia, dado su alto nivel de responsabilidad, siempre aparece tranquila y calmada. También trasmite la sensación de estar en el presente. A mi parecer, parece tener superpoderes.

La cena en la que la conocí fue en 2009, poco después de dimitir como secretaria de Estado. Estaba sentada frente a mí.

Condi seguí estando rodeada de guardias de seguridad, pero era fácil hablar con ella. Una cosa que no ves nunca cuando habla por televisión es el brillo de sus ojos. Cuando ya se acababa la cena, le dije «¿Puedo llamarla? ¿Podría comer conmigo un día?».

Me sonrió y me dijo «Claro que sí».

Poco después, nos reunimos a comer en E. Baldi, en Cañon Drive, un restaurante muy conocido de Hollywood. Llegó en coche con sus guardias de seguridad y nos sentamos solos en aquel pequeño restaurante.

Condi estuvo relajada y amable, pero creo que yo sentía más curiosidad por ella que ella por mí.

Le hablé de una película que estábamos a punto de hacer. Se llamaba *Cartel* y era la historia de un hombre dispuesto a vengarse de los cárteles mexicanos de la droga tras el brutal asesinato de su mujer. La película estaba situada en México, sede de la violencia de los cárteles, y le dije que hacía un par de meses habíamos estado filmando en aquel país. En un principio habíamos pensado en Sean Pean como protagonista, pero como no podía él elegimos a Josh Brolin para el papel. Me preocupaba filmar una película muy crítica con los cárteles en un país en el que decapitaban a los jueces.

Condi me escuchaba. Le conté que el equipo de seguridad de nuestros estudios se había informado sobre las zonas en las que deseábamos filmar en México y nos había dicho que estaban bien. Me miró un tanto escéptica y me dijo: «No creo que sea seguro hacer eso».

Cartel estaba en una encrucijada, Habíamos gastado dinero en ella. Los estudios creían que era algo seguro, pero lo que yo leía a diario en los periódicos decía otra cosa. El tema de la seguridad me angustiaba, pensaba ¿volaría yo personalmente a México para hacer una película sobre el cártel de la droga? Para ser sincero, creo que no lo haría. Y si yo no lo hiciera, ¿me sentiría a gusto enviando a alguien a hacerlo? Necesitaba tener otro punto de vista.

Tras nuestra comida, Condi se informó del asunto. Hizo algunas averiguaciones y me dijo: «No, no es seguro hacer eso que está planeando».

Aquello fue definitivo para mí y para los estudios. Cancelamos la película. Nunca fuimos a México, nunca la hicimos. Mirando atrás, me preocupa que hubieran matado a alguien. He aprendido a prestar atención a la intuición, a esas dudas ocasionales, he aprendido a estar seguro de ser lo suficientemente curioso como para buscar la opinión de un experto cuando el riesgo es grande. Creo que hacer una película sobre los cárteles de la droga en el mismo país en el que ellos operan podría haber sido un desastre.

No sería muy bueno en mi trabajo de no ser por la curiosidad, la cual está en cada paso del proceso. Pero piensa en las profesiones en las que creemos que la curiosidad no es algo necesario, como esperamos lo sea en el caso de un médico o de un detective.

Un buen asesor financiero necesita conocer los mercados y la manera de colocar el dinero de cara a la jubilación, pero también debe ser curioso.

Un buen agente inmobiliario necesita conocer el mercado y los inmuebles disponibles, pero también debe tener cierta curiosidad por los clientes.

Un urbanista necesita ser curioso, y también un publicista, un ama de casa, un entrenador deportivo, un mecánico, un buen peluquero.

Y en cada caso, la curiosidad gira en torno a la historia. ¿Cuál es la historia de tu vida y cómo esperas que el dinero, o una casa nueva o un nuevo peinado te ayuden a conformar esa historia?

Este tipo de curiosidad parece ser tan rutinaria que no deberíamos ni siquiera necesitar hablar de ella. Pero creo que es útil hacerlo. Pero en un mundo en el que tantas de nuestras interacciones básicas están estructuradas y preparadas –hablamos con el servicio al cliente de un 900, intentamos que nos oigan a través del altavoz de la autopista, hacemos la reserva en un hotel en el que la hospitalidad está «programada»–, la curiosidad se ha visto coartada.

Se considera un comodín. Pero eso es totalmente erróneo. Piensa en un buen peluquero, en un estilista: su trabajo requiere una comprensión del cabello, una comprensión de la forma de la cabeza de la gente, de la calidad del cabello, además de creatividad e individualismo. Pero además tiene un importante elemento humano. Como cliente, quieres que el estilista se interese en ti, que te pregunte qué significa el cabello para ti, y que preste atención a la imagen que quieres tener y a cómo quieres sentirte cuando te levantes de la silla de la peluquería. También quieres que el estilista hable contigo, que te haga unas preguntas que os mantengan a ambos distraídos mientras te lavan, te cortan y te secan. (O un estilista que se dé cuenta de que no quieres hablar).

Lo extraordinario es que esa rutina curiosa funciona tanto para el estilista como para el cliente. El cliente consigue el corte de cabello que quería, sale con un cabello que le hace sentirse mejor, le ayuda a contar sus cosas, y además tiene una experiencia divertida y relajante. El estilista evita caer en la rutina. Aprende cosas del cliente y también de cómo funciona el mundo: cada cliente que se sienta en la silla del estilista es una oportunidad de entablar una conversación basada en la curiosidad. El profesional proporciona los mejores cortes de cabello que puede a la vez que consigue unos clientes felices y leales y tiene un trabajo entretenido.

Ir a un salón de peluquería no es como sentarse frente a un arquitecto para rediseñar las oficinas de tu empresa, o planear la ampliación de tu casa. Pero la curiosidad y las historias añaden un poco de diversión y de personalidad –y a veces conocimientos y perspicacia– a lo que de otro modo sería tan sólo rutina.

Si los modales son el lubricante que hace que todos nos sintamos mejor, la curiosidad es el poquito de tabasco que añade sabor, estimula, conecta y da significado a casi todos los encuentros.

CAPÍTULO CUATRO

La curiosidad, el poder de un superhéroe

· ·

La curiosidad dominará el miedo incluso más que la valentía.

JAMES STEPHENS[1]

ESTABA SENTADO EN EL bar del Hotel Ritz Carlton de Nueva York, frente al Central Park, con un hombre con unas enormes patillas, parecidas a las del presidente norteamericano Martin Van Buren. Estaba tomando una copa con Isaac Asimov, el escritor que hizo revivir la ciencia y también la ciencia ficción a toda una generación de norteamericanos.

Era 1986 y la película *Splash* acababa de estrenarse con éxito, éxito que yo estaba utilizando para tener mis conversaciones basadas en la curiosidad lo más ambiciosas posibles.

Isaac Asimov era una leyenda, por supuesto. En la época en que nos encontramos, él ya llevaba escritos más de 300 libros. Cuando murió, en 1991, ya había escrito un total de 477 obras. La escritura de Asimov es tan clara y accesible –haciendo comprensible todo tipo de temas complicados–, que es fácil subestimar la inteligencia de este autor. Aunque nadie le ha llamado nunca «doctor Asimov», estaba doctorado en Bioquímica por la Universidad de Boston.

Mucha gente sabe que Asimov es un narrador y un visionario, un hombre que supo ver cómo interactúan los seres humanos y la ciencia e imaginar el futuro, el autor de *Yo, Robot* y de *Trilogía de la Fundación*. Asimov escribió en realidad más libros de no ficción que de ficción. Escribió 7 libros sobre matemáticas, 68 sobre astronomía, 1 libro de texto sobre bioquímica, escribió los libros *Fotosíntesis*, y *El neutrino: la partícula fantasma del átomo*. Escribió guías literarias de la Biblia (dos volúmenes), Shakespeare y *El paraíso perdido*. Le encantaban los chistes y escribió ochos libros sobre humor, entre ellos *Lecherous Limericks*, *More Lecherous Limericks*, y *Still More Lecherous Limericks* (serie de poemas humorísticos y procaces).[2] En la última década de su vida, Asimov escribió más de 15 libros al año, los escribió con más rapidez de la que la gente empleaba en leerlos, yo incluido.

Asimov era un erudito, un autodidacta, un genio. Y además fue un narrador instintivo. ¿Quién no desearía sentarse a charlar con él durante una hora?

Isaac Asimov se reunió conmigo en el Ritz Carlton acompañado de su segunda esposa, Janet Jeppson Asimov, una psiquiatra licenciada en Stanford y en la NYU. Encontré que ella imponía más que él: Isaac estaba relajado, y ella, más en guardia.

Ambos pidieron ginger ale para beber. Empezamos a charlar, según parece no estaba yendo muy bien, aunque yo no me daba cuenta de ello. Al cabo de diez minutos, los Asimov aún no se habían acabado sus bebidas, cuando Janet Asimov interrumpió la conversación de repente.

«Está claro que usted no conoce lo suficientemente bien el trabajo de mi marido para poder sostener con él una conversación –dijo levantándose de la mesa–, esto es una pérdida de tiempo. Nos vamos, venga, Isaac».

Y así fue. Se levantaron y me dejaron allí solo, con la boca abierta.

Había conseguido una cita con uno de los escritores más interesantes, intuitivos y prolíficos de nuestra época, y le había aburrido (al menos había aburrido a su vigilante esposa) tanto en tan sólo diez minutos que no lo habían soportado y habían huido del agujero negro de mi necedad.[3]

Creo que nunca antes en la vida había tenido la sensación de haber sido abofeteado sin que en realidad me hubieran tocado un pelo.

Y la cosa es que Janet Asimov tenía razón.

Necesité unos cuantos meses para sacarme aquella espina. Ella me había pillado y me lo había echado en cara. No estaba lo suficiente preparado para hablar con Isaac Asimov. Él se había avenido a sentarse a hablar conmigo durante una hora –para él eso representaba sacrificar el capítulo entero de un libro–, y yo en cambio le había faltado al respeto. No había dedicado tiempo para leer sobre él, o para leer, por ejemplo, *Yo, Robot*, de cabo a rabo.

Cuando me dirigía a la reunión, sentí miedo de Asimov, me preocupaba que pasara lo que acabó pasando; temía no saber lo suficiente para tener una buena charla con Asimov. No fui lo bastante inteligente como para aprovechar ese miedo.

Nunca volví a cometer ese error.

He aprendido a confiar en la curiosidad de dos maneras realmente importantes, en primer lugar, uso la curiosidad para combatir el miedo.

Tengo un buen manojo de miedos relativamente comunes.

Tengo miedo a hablar en público.

No me gustan en absoluto los grandes eventos sociales en los que puede que no lo pase bien, acabe sintiéndome como atrapado o no resulto tan entretenido como se esperaba.

Piensa un momento en esa lista. Atendiendo a mis miedos, estoy convencido de que he elegido la profesión equivocada. La mitad de mi vida –de mi vida laboral–, me exige ir a sitios, charlar, relacionarme en grandes eventos con gente importante a la que supuestamente conozco, pero no es así.

Puesto que me da un poco de miedo la gente poderosa, y me siento un poco intimidado por los intelectuales –exactamente el tipo de personas con las que deseo tener conversaciones basadas en la curiosidad–, parece ser que he ideado una vida perfectamente diseñada para hacerme sentir angustiado desde el mismo momento en que abro los ojos por la mañana.

Además de utilizar la curiosidad para enfrentarme a mis miedos, la uso para inspirar confianza: en mis ideas, en mis decisiones, en mis puntos de vista, en mí mismo. Hollywood, como he dicho antes, es el país del «no». En Hollywood Hills, en la ladera de la colina donde se exhiben las famosas letras H-O-L-L-Y-W-O-O-D, deberían aparecer las letras: ¡N-O-N-O-N-O-N-O!

Hace poco, un aspirante a productor de cine que estaba en mi despacho para realizar una reunión, me dijo. «¡Ah, usted es magnífico! ¡Seguro que nadie le ha dicho nunca que no!».

Eso es una tontería, todo el mundo me dice que no. Todo el mundo *sigue* diciéndome «no». Es justo lo contrario a lo que parece.

Claro, hay gente *como* yo. Gente que me dice «sí» a las reuniones.

Gente que me dice «Por favor, ven a comer». A veces me dicen: «Por favor, acompáñame a ese viaje tan estupendo», y eso es halagüeño.

Pero si quiero hacer algo creativo, si quiero hacer algo atrevido, como por ejemplo una serie de televisión sobre un verdugo del Medievo que quise sacar adelante; o una película sobre el impacto que causó James Brown en el mundo de los negocios estadounidenses, que se estrenó en el verano de 2014, la gente dice «no». Entonces, tan sólo sonreían y me ponían una mano en el hombro mientras lo hacían.

Uno tiene que aprender a soportar el no.

En Hollywood todo el mundo tiene que soportar el no. Y tú, ya estés creando códigos en Silicon Valley, diseñando coches en Detroit, o manejando fondos de inversión en Manhattan, siempre tendrás que batallar con el «no».

Hay gente a la que le fascina regodearse en el «no».

Hay gente que lisonjea para decir «no», hay gente que razona el «no», y hay gente que lloriquea en torno al «no».

Si necesito que me apoyen en un proyecto, no quiero que me lisonjeen, me engatusen o me enreden, quiero que sientan el mismo entusiasmo y compromiso que yo siento. No quiero empujar a nadie a ir en contra de sus planteamientos, quiero que vean la idea, la película, los protagonistas, con el entusiasmo que ponen los momentos más duros de cualquier otro proyecto.

Yo uso la curiosidad para vencer al «no», uso la curiosidad para descubrir cómo conseguir el sí, pero no en el modo en que imaginas.

❧ ❧

CON LA PRIMERA PELÍCULA que hicimos Ron Howard y yo —*Turno de noche*—, no me convertí en productor de pleno derecho. Esa película era inteligente, sexy y fácil de explicar, tenía gancho. Enseguida se veía las posibilidades cómicas que tenía. De hecho, *Turno de noche* está basada un historia real que leí en las páginas posteriores de *The New York Times* en el verano de 1976.[4]

La segunda película que hicimos Ron y yo juntos, *Splash,* fue la que me mostró cuál es el trabajo de los productores en Hollywood. Su trabajo consiste en presentar la historia y encontrar la financiación y el reparto para hacer la película, y velar por la calidad de la película a medida que se va realizando. Pero en primer lugar, lo más destacable, el trabajo de un productor es conseguir que la película se realice.

El meollo de *Splash,* lo que yo llamo el «punto de ignición» de la historia es bien simple: ¿qué sucede cuando una sirena sale del mar y llega a tierra firme?

¿Qué impresiones tendría, cómo sería su vida? ¿Qué sucedería si yo me encontrara con esa sirena? ¿Qué supondría ganarse su amor, que supondría que ella tuviera que marcharse? ¿Qué haría un hombre que la cortejara si tuviera que dejarla?

Escribí el primer guion de *Splash* (para empezar lo llamé *Wet,* mojado).

La idea de la sirena la tuve antes que la de *Turno de noche,* fue mientras trabajaba produciendo películas y miniseries para la televisión (como *Zuma* y la serie de *Los diez mandamientos).* Yo seguía el consejo que me había dado Lew Wasserman de generar ideas, algo mío, algo que tuviera con una libreta y un lápiz. Como cualquier otro hombre del mundo del cine con 28 años, yo estaba cautivado por las mujeres californianas. Siempre estaba intentando comprenderlas. No había una gran diferencia entre aquellas chicas de la playa en bikini y una sirena en el mar.

Pero nadie quería hacer una película sobre una sirena.

Ningún estudio estaba interesado, ni tampoco ningún director.

Todo el mundo me decía que no.

Tampoco Ron Howard quería hacer una película sobre una sirena. Y más de una vez me dijo que no.

Hollywood es fundamentalmente una ciudad adversa a los riesgos, todos buscamos siempre algo seguro. Por eso tenemos series con cinco capítulos, o incluso con siete.

Nadie parecía entender aquello de hacer una película sobre una sirena. ¿Había alguna película previa de éxito con ese tema?

Al final sucedieron dos cosas.

En primer lugar escuché aquellos «noes». Había una información en aquella resistencia que tenía que sondear.

«Es una película sobre una sirena que llega a tierra firme y conoce a un hombre ¡Es muy divertido!». Eso no funcionó.

«Es una película sobre una sirena que llega a tierra firme y conoce a un hombre. Es una fantasía». No compraron la idea.

Necesitaba comprender a qué estaban diciendo que no. ¿Le decían no a una comedia? ¿Le decían no a una fantasía sobre una sirena? ¿Me decían no a mí, Brian Grazer?

Al principio escribí la historia de *Splash* desde la perspectiva de una sirena.

Pensé que las sirenas son verdaderamente fascinantes, seductoras (y estoy en buena compañía, véase por ejemplo la legendaria *Sirenita*, de Hans Christian Andersen). Los ejecutivos de los estudios de Hollywood estaban perplejos. Dijeron que no a la sirena.

Así que pensé: vale, no es la historia de una sirena: ¡es una historia de amor! Es una comedia romántica con una sirena en el papel de la chica. *Recontextualicé* la película. La misma idea, pero con otro marco. Y empecé a desarrollar una película que era una historia de amor entre un hombre y una sirena, con un poco de comedia de por medio.

La respuesta siguió siendo no, pero de una manera menos enfática. Se veía que al menos a los ejecutivos les hacía gracia la idea de una historia de amor con sirena.

Anthea Sylbert, cuya tarea consistía en comprar películas para la United Artists, fue una de las personas a las que di la lata con *Splash* más de una vez.

«Te saco por una puerta y vuelves por una ventana —me dijo un día desesperada—, te saco por la ventana y vuelves por la chimenea. ¡La respuesta es no! ¡No quiero esa película con sirena!».

Me convertí en una plaga. Hace poco, Anthea me dijo: «Eres una plaga, pero no es que seas un mosquito, eres más bien un niño de cinco años hiperactivo. Me entran ganas de sentarse en un rincón y ordenarte que te estés quieto».

A pesar de decirme que no, a Anthea le intrigaba lo de la sirena.

«Siempre he sentido debilidad por la mitología, por las fábulas, por los cuentos de todo tipo», me dijo. En realidad no fue demasiado difícil convertir la película de la sirena en una historia de amor entre un hombre y una sirena, y de ahí a un cuento de hadas sobre el amor entre un hombre y una sirena.

Anthea me dio algo de dinero para perfeccionar el guion, ya así puede contratar al novelista y guionista Bruce Jay Friedman para que rehiciera mi versión original.

Y con Anthea trabajé un poco también la curiosidad. Ella quería que la sirena tuviera reglas.

No tenía ni idea de qué me hablaba «¿Para qué necesitamos reglas?», le pregunté.

Ella deseaba que quedara claro el modo en que la sirena se comportaba en el mar y el modo en que actuaba en tierra firme (¿qué hacía con la cola, por ejemplo?). Quería que el público conociera esas reglas.

«¿Por qué?» le pregunté de nuevo.

Me dijo que aportaría humor y diversión a la historia.

Después, de la nada, salió otra película con sirena, ésta escrita por el legendario guionista Robert Towne *(Chinatown, Shampoo)*, dirigida por Herbert Ross *(Adios, Mr. Chips, Paso decisivo)*, y que iba a ser interpretada por Warren Beatty y Jessica Lange.

En Hollywood no interesaba en absoluto una película sobre sirenas.

Dos películas sobre sirenas era demasiado y Hollywood escogió la del escritor premiado con un Óscar y del director nominado para un Óscar. Especialmente en detrimento de la asociación de Grazer y Howard: sólo teníamos una película que nos acreditara. Parecía relajado, vestía como un tipo relajado, e intentaba actuar relajadamente, pero yo no soy un tipo relajado. Soy un tipo que escucha a alguien hablar de un trabajo a través de una ventana abierta y 24 horas después ya se ha hecho con ese trabajo. Puedo poner en mi punto de mira en media docena de personas y dedicarme de seis meses a un año en conseguir citas con ellas para mis conversaciones basadas en la curiosidad: Lew Wasserman, Daryl Gates, Carl Sagan, Edward Teller, Jonas Salk.

¿Y qué pasa cuando esa media docena de personas dicen que no les interesa en absoluto hacer una película sobre una sirena?

Me dijeron: «¡Ay, lo sentimos, nos encantaría hacer tu película, pero ya hay una película sobre una sirena, y tiene a Jessica Lange de protagonista, sabes? Es genial, ¿no? No queremos competir con eso. Gracias por venir».

Lo sentía, pero no iba a dejar que Herbert Ross y Robert Towne hicieran mi película.

Finalmente, Ron y yo llegamos a un acuerdo con Disney para que *Splash* fuera la primera película de su nuevo sello, Touchstone, creado para específicamente para dar a Disney la libertad de hacer películas para adultos. Ron no sólo firmó, sino que dijo a Touchstone que haría la película con un presupuesto ajustado y prometió llevar a los cines la sirena de Herbert Ross.

Splash fue un gran éxito. Las dos primeras semanas fue el número uno en todas las taquillas, durante onces semanas estuvo en los diez primeros puestos, y en aquella época fue la película en la historia de Disney que recaudó más dinero en menos tiempo. *Splash* fue también la primera película Disney no catalogada como película G (apta para todos los públicos). Dimos a Disney su primer gran éxito en una película PG (apta para menores acompañados de un adulto).

No llegamos a competir con la otra película sobre una sirena, pues nunca llegó a rodarse. Y *Splash* no sólo hizo mucho dinero, sino que además respaldó las carreras profesionales de Tom Hanks y Daryl Hannah. En Hollywood, la gente pasó de mirar de manera un tanto escéptica a Ron Howard a darse codazos por conseguir contratarle.

Y quizás el momento más dulce, dado la cantidad de veces que había escuchado la palabra «no», vino cuando el guion de *Splash* fue nominado para los Óscar como mejor guion original. Aquel año ganó ese Óscar *En un lugar en el corazón,* la película sobre la Gran Depresión de 1929, interpretada por Sally Field. Pero Ron y yo fuimos a celebrar por primera vez la entrega de los Óscar.

La noche del estreno de *Splash,* el 9 de marzo de 1984, Ron Howard y yo alquilamos una limusina y acompañados por nuestras esposas recorrimos las salas de cine para ver las colas que se hacían frente a ellas. Era una tradición que habíamos empezado con *Turno de noche,* pero aquellas colas fueron un poco decepcionantes. *Splash* era una historia diferente.[5]

En Westwood había un teatro llamado The Westwood Avco, en Wilshire Boulevard. En el estreno de la película *E. T.,* de Steven Spielberg, en 1983, habíamos visto como las colas del Avco daban la vuelta al edificio. Cuando se estrenó *Splash,* las colas también rodeaban el edificio, no eran tan largas como las de *E. T.,* pero eran igualmente increíbles. La gente hacía cola para ver nuestra película. Saltamos del coche y recorrimos la cola de arriba abajo, mientras hablábamos con la gente y nos abrazábamos.

Después, volvimos al coche y cumplimos con otra tradición: fuimos a la famosa hamburguesería In-N-Out Burger y nos tomamos unas hamburguesas acompañadas con una buena botella de Burdeos. Estaba lo suficientemente optimista como para poder encajarme de nuevo en la limusina.

$$\ast \ast \ast$$

Había necesitado siete años para llevar para poder llevar *Splash* al Westwood Avco. Yo no necesitaba tan sólo una idea, me sentía cautivado por una buena idea. Necesitaba tenacidad, determinación.

Del mismo modo que la curiosidad y las historias se refuerzan entre sí, también sucede lo mismo con la curiosidad y la tenacidad. La curiosidad conduce a la historia, y la historia inspira curiosidad. Con la curiosidad y la tenacidad funciona la misma dinámica.

La curiosidad recompensa la tenacidad. Si te desanimas por no encontrar la respuesta a una cuestión de manera inmediata, si abandonas al primer «no», es que tu curiosidad no te está sirviendo demasiado bien. A mi entender, ésa fue una de las lecciones de trabajar con Anthea Sylbert, mi tenacidad me ayudó a mantener mi rumbo, me ayudó a idear la manera de cambiar un poco la película de la sirena, sólo un poco, para que la gente la entendiera y la apreciara. No hay nada más infructuoso e inútil que una curiosidad vacía. La tenacidad es la que hace que la curiosidad valga la pena.

Asimismo, la tenacidad sin curiosidad significa conseguir un objetivo que no merece el esfuerzo, o bien lo consigues sin que se ajuste a lo que has aprendido. Acabas, claro está, fuera del rumbo fijado. La persistencia es literalmente el empuje que te guía hacia delante, y la curiosidad es el navegador.

La curiosidad te ayuda a desarrollar una gran idea, y te ayuda a perfeccionarla. La determinación te ayuda a llevar adelante la idea frente al escepticismo de los demás. Juntas te dan confianza para saber que tienes algo bueno entre manos. Y esa confianza es la base de tu ambición.

Hacer preguntas es la clave para ayudarte a ti mismo, redefinir tus ideas, persuadir a los demás. Algo bien cierto, aunque creas que sabes lo que estás haciendo y hacia donde te estás encaminando.

Tuve la oportunidad de llevar a la gran pantalla uno de los extraordinarios libros del Dr. Seuss. Conseguí los derechos *El Grinch* de la viuda del autor, Audrey Geisel, en un proceso de dos años compitiendo con otros productores que también los deseaban, entre ellos John Hughes *(Todo en un día, Solo en casa)*, Tom Shadyac (el cual dirigió nuestra película *Mentiroso compulsivo)* y los hermanos Farrelly *(Algo pasa con Mary)*.

De hecho, ¡Cómo el Grinch robó la Navidad! ha sido el primer libro de Seuss que su viuda permitió convertir en película. Audrey Geisel era en cierto modo como la esposa de Isaac Asimov: una fiera protectora del legado de su marido, el cual murió en 1991. En California, la matrícula del coche de Audrey era una sola palabra: GRINCH (Theodor Geisel tuvo la misma matrícula durante los últimos años de su vida).[6]

Convencí a Jim Carrey para que interpretara al Grinch, y convencí a Ron Howard para que dirigiera la película. Audrey Geisel insistió en hablar con ambos antes.

Cuando me meto en un proyecto como éste, me siento realmente responsable. Ese libro se publicó por primera vez en 1957, y desde entonces había sido un referente en la infancia de todos los niños norteamericanos.

Yo estaba tan familiarizado con la historia, con los personajes, con el arte del Grinch como cualquier otra persona de cincuenta años en Estados Unidos. Lo había leído de niño, y se lo había leído a mis hijos.

Pero cuando nos embarcamos en escribir el guion, en recrear Whoville y en pasar la atmósfera del libro a la pantalla, me hice unas cuantas preguntas, preguntas que hice también a Ron, a Jim, y a los guionistas Jeff Price y Peter Seaman, una y otra vez mientras hacíamos la película.

Una vez teníamos los derechos, la pregunta más importante era:

¿De qué va esta historia? ¿Qué tipo de historia es?

¿Es una comedia de juegos de palabras?

¿Es una comedia de bufonadas?

¿Es una película de acción?

¿Es un mito?

La respuesta a cada una de estas preguntas es «sí». Y eso hacía que fuera un reto y una responsabilidad. Cuando trabajas en una comedia de bufonadas, no puedes olvidar que eres también el garante de un mito. Cuando trabajas en una película de acción, no puedes olvidar de que la alegría y la picardía de la historia provienen del texto original del Dr. Seuss, tanto como de cualquier otra cosa que añadiéramos o ideáramos.

Hacer preguntas te permite comprender qué piensa la gente sobre tu idea. Si Ron Howard piensa que *El Grinch* es una película de acción y yo creo que se trata de una comedia de juegos de palabras, tenemos un problema. La manera de descubrir eso es preguntar, a menudo las preguntas más sencillas son las mejores.

¿Qué tipo de película es *El Grinch?*

¿De qué habla la historia?

¿Qué intentamos trasmitir, especialmente cuando el público acudirá con su propia idea de la historia?

Eso también está en las tareas que realiza un productor de cine.

Uno siempre desea crear una película que sea original, que sea apasionante. Con un icono como *Grinch* es necesario además tener en cuenta las expectativas de la gente. Cualquier persona que entra en un cine a ver *El Grinch* ya tiene una idea predeterminada sobre la historia.

Y nadie tiene una idea preconcebida tan firme y viva como Audrey Geisel. Ella fue nuestro mayor reto de audiencia, nuestro público. Le mostramos la película en el Hitchcock Theater, en los Universal Studios. Estábamos allí tan sólo cinco personas. Audrey se sentó muy adelante, yo me senté unas treinta filas detrás, cerca del final, pues estaba muy nervioso por cuál sería su reacción. Entre nosotros, un par de editores y los chicos del sonido.

Cuando al final aparecieron los créditos, Audrey empezó a aplaudir. Estaba encantada. Le encantó. Y yo, sentado en aquella sala, me sentí tan bien de haberla hecho feliz que no pude evitar llorar.

Incluso una historia clásica, una que sea muy conocida, no puede llegar a tener éxito sin el tipo de curiosidad que desarrollamos en *El Grinch;* todos estuvimos de acuerdo en la historia que intentábamos contar y en la manera que intentábamos hacerlo.[7]

Parece algo obvio, pero ¿cuántas veces no te has involucrado en un proyecto en el que ya tienes hecha la mitad del recorrido y descubres que los demás participantes tienes ligeras diferencias de lo que se está cociendo? Unas diferencias que hacen imposible trabajar juntos de manera efectiva porque cada uno tiene un objetivo diferente.

Eso sucede cada día: en las películas, en la mercadotecnia, en la arquitectura, en la publicidad, en el periodismo, en la política y en el resto del mundo. Incluso en los deportes. No hay otra cosa que incomunicación en un mal pase en un juego de la NFL (fútbol americano).

Es un poco contradictorio, pero más que desbaratar tus planes o distraerte, las preguntas me mantienen bien encarrilado.

Mostrar resolución frente a los obstáculos es fundamental. Theodor Geisel, el Dr. Seuss, es un gran ejemplo de ello. Muchos de sus 44 libros siguen siendo *bestsellers.* En 2013, de la obra *Huevos verdes con jamón* se vendieron más de 700.000 ejemplares en Estados Unidos (más que *Buenas noches, Luna),* de *El gato en el sombrero* se vendieron más de 500.000 libros, y también de *Oh, The Places You'll Go* y *Un pez, dos peces, pez rojo, pez azul.* Y de otros cinco títulos más se vendieron 250.000 copias. De esos 8 títulos se vendieron 3,5 millones de ejemplares en sólo un año (de otros 8 libros de Seuss se vendieron 100.000 ejemplares o más). Theodor Geisel vende 11.000 libros de Seuss cada día del año, sólo en Estados Unidos, 24 años después del fallecimiento del autor. Desde su primer libro, *Y pensar lo que vi en la calle Porvenir,* publicado en 1937 se han vendido 600 millones de sus libros en todo el mundo. Y por muy extraño que parezca hoy día, dado el gancho del Dr. Seuss, la realidad es que el libro de la *Calle Porvenir* fue rechazado por 27 editores antes de que Vanguard Press lo aceptara. ¿Y si Geisel hubiera decidido rendirse con 20 rechazos? ¿O tal vez con 25?

Imaginemos la infancia y la lectura sin el Dr. Seuss.[8]

Me siento como si entráramos al mundo, de recién nacidos, y en ese momento la respuesta es «sí». Y es «sí» hasta un cierto tiempo; el mundo es generoso con nosotros, pero en un momento dado el mundo empieza a decirnos «no», y cuanto más pronto empiece uno a practicar maneras de enfrentarse al no, mejor. Pienso en mí mismo como alguien impermeable al rechazo.

Hemos hablado de utilizar la curiosidad cuando el mundo dice «no», pero con frecuencia el «no» viene de nuestro interior, y la curiosidad puede ser la cura también para ese tipo de noes.

Como he mencionado anteriormente, cuando tengo miedo de algo intento ser curioso respecto a ello, intento dejar de lado el miedo, lo suficiente para empezar a hacer preguntas. Las preguntas consiguen dos cosas: me distraen de las náuseas que siento y aprendo cosas cobre lo que me preocupa. Creo que eso es algo que todos sabemos instintivamente. Pero a veces uno necesita recordarse a sí mismo que la mejor manera de disipar el miedo es enfrentarse a él, ser curioso.

Hablar en público me pone nervioso. Doy buenas charlas, pero no lo paso bien preparándome para darlas, y ni siquiera disfruto dándolas, de lo que disfruto es de haberlas dado. Lo divertido es hablar con la gente sobre la charla después de acabada ésta.

Personalmente, cada vez que hago eso es como pasar una prueba, así es como mantengo los nervios.

En primer lugar, no empiezo preparándome con mucho tiempo de antelación, pues para mí eso es lo que abre la caja de las preocupaciones. Si empiezo preparando la charla dos semanas antes, estoy preocupado durante esos quince días.

Así que me seguro de que tener suficiente tiempo para prepararme y empiezo a trabajar en la charla unos cuantos días antes de darla.

Hago lo mismo que hice con *El Grinch,* hago preguntas:

¿De qué va a ir la charla?

¿Cuál puede ser la mejor manera de abordar la charla?

¿Qué espera la gente que va a escuchar en la charla?

¿Qué quieren escuchar, en términos generales?

¿Qué quieren escuchar de mí, en concreto?

¿Y quién es el público?

La respuesta a cada una de esas preguntas me ayuda a crear un borrador sobre aquello de lo que se supone que voy a hablar. Y las respuestas me aportan de inmediato ideas, anécdotas y puntos que quiero abordar, y todo ello me ayuda a no perderme.

Siempre ando buscando historias que contar, historias que me permiten abordar los puntos que deseo abordar. En cuanto a las charlas se refiere, busco historias por dos razones. A la gente le gustan las historias, no desea que se le dé una conferencia, desea que se la entretenga. Conozco las historias que cuento, de manera que aunque me quede aturdido o pierda el hilo, bueno, pues es mi historia, y no puedo olvidarme de lo que estoy intentando contar. No me voy a quedar en blanco.

Finalmente, escribo toda la charla uno o dos días antes, y la practico varias veces. Escribirla hace que se me quede en la cabeza.

Y practicarla también hace que se me quede en la cabeza, me muestra los puntos más difíciles, aquellos que no encajan demasiado bien en la historia, o el momento en que no estoy seguro de encajar un chiste. Practicar me ofrece la oportunidad de editar, del mismo modo que se edita una película, una revista, la presentación de un negocio o un libro.

Llevo conmigo el texto completo de la charla, lo coloco en el atril, y después me pongo junto al atril y comienzo a hablar. No leo el texto, lo tengo ahí por si acaso lo necesito, pero usualmente no es así.

¿La curiosidad requiere trabajo?

Por supuesto que sí.

Aunque uno sea «naturalmente curioso» —sea lo que sea lo que signifique esa frase para ti—, hacer preguntas, asumir las respuestas, imaginar hacia donde apuntan las respuestas, pensar que otras preguntas necesitas hacer, todo eso es trabajo.

Yo no me veo a mí mismo como una persona curiosa, pero he ejercido la curiosidad en todo tipo de situaciones, cada día, durante casi sesenta años. Hay veces en que uno tiene que recordar usar la curiosidad, tiene que recordarse a sí mismo que debe usarla. Si alguien te dice «no», es posible que eso te haga perder el ritmo, que te quedes atrapado en la idea de haber sido rechazado, que no avances hacia donde deseas ir, que te olvides de preguntar cosas acerca de lo que está pasando. ¿Por qué me han dicho que no?

Si tienes miedo a dar una charla, es posible que llegues a distraerte o a dejar de lado lo que tienes que hacer en vez de afrontarlo. Eso prolonga la ansiedad, no ayuda a realizar la charla, perjudica. La charla no se escribe ella sola, y la manera de evitar ponerse nervioso es trabajar en ella.

Me he dado cuenta de que utilizar la curiosidad para enfrentarme al «no», ya provenga éste de alguien o del propio cerebro, me ha enseñado otras maneras de enfrentarme a la resistencia, de resolver las cosas.

Mi viejo amigo Herbert A. Allen, inversor financiero y creador de un extraordinario congreso sobre tecnología y medios de comunicación que se realiza anualmente en Sun Valley, Idaho (llamado sencillamente Congreso Allen & Co. en Sun Valley) me dio un gran consejo. Hace ya muchos años me dijo: haz a primera hora la llamada más difícil.

La primera llamada, la más difícil, puede ser aquella que haces a alguien que tienes miedo de que te dé malas noticias. La llamada más difícil puede ser aquella en la que tú eres quien tienes que dar malas noticias. La llamada más difícil es la que deseas hacer a una persona que desea evitarte.

Allen estaba utilizando eso como una metáfora. La «llamada más difícil» puede ser tener que enviar un correo electrónico, o tener que mantener una conversación en persona en tu mismo despacho.

Sea lo que sea, crees que eso va a ser la «llamada más difícil del día» porque hay algo a lo que tienes miedo. Algo que te va a ser incómodo en cierto modo, ya sea el encuentro en sí o el resultado de él. Según Allen, esa tarea no te va a dar menos miedo a mediodía o a partir de las 4,30 de la tarde, al contrario, la ansiedad que eso te produce va a estar reconcomiéndote todo el día; va a distraerte e incluso va a hacer que seas menos efectivo. Y desde luego, hará que estés menos abierto.

«Haz a primera hora la llamada más difícil» No se trata de la curiosidad y no se trata de la determinación, es un poco de ambas cosas. Es el carácter.

Enfréntate a la tarea que realmente tienes que hacer y resuélvela.

Eso despeja la atmósfera, ilumina el resto del día; de hecho, puede resolverte la agenda. Te aporta seguridad para afrontar cualquier otra cosa que se te presente, pues ya has hecho lo más difícil. Y si la «llamada más difícil» se resuelve de la manera que imaginabas, eso también tiene algo de sorpresa.

Hacer preguntas siempre parece ser algo superficial, algo así como aceptar la ignorancia. ¿Cómo admitir que tu ignorancia es el camino hacia la seguridad?

Ésa es una de las muchas maravillosas dualidades de la curiosidad. La curiosidad ayuda a disipar la ignorancia y la confusión; la curiosidad disipa la confusión mental y la incerteza, y aclara las discrepancias.

La curiosidad da confianza, y la confianza da determinación. La confianza junto a la determinación da paso a la ambición. Y ésa es la manera en que se puede ir más allá del no, ya provenga éste de otras personas o del interior de la propia mente.

Si utilizas la curiosidad para tus sueños, ella hará que esos sueños tomen fuerza y se transformen en realidad.

ⱻⱻ ⱻⱻ

HACE UNA DÉCADA, la revista neoyorquina *W* publicó una reseña sobre mí con el titular:

EL MAGNATE

Brian Grazer, cuyas películas han recaudado más de 10.000 millones de dólares es indudablemente el productor de cine de mayor éxito de la ciudad, y seguramente el más reconocido.

¿Será por su pelo?[9]

La gente de Hollywood sabe por supuesto lo del cabello. La gente del resto del mundo –gente que ni siquiera sabe mi nombre pero conoce *Una mente maravillosa*, *Arrested Development* o *El código Da Vinci*–, alguna conoce también mi cabello.

«Ese tipo de Hollywood con el cabello de punta», es una manera común de describirme.

Y eso del cabello no es una casualidad, y no lo es porque yo cada mañana me pongo gel para que quede como queda.

Pero mi cabello no es sólo una moda excéntrica. Ni siquiera se trata de una cuestión de gusto personal.

Después de que Ron Howard y yo hiciéramos un par de películas, me hice una buena reputación en Hollywood. No era nada comparable a la visibilidad de Ron, por supuesto, –él era una estrella, un director y un icono de la época–. Yo era un simple productor, y también un recién llegado en comparación con Ron.

Yo quería dar buena impresión. Hollywood es un lugar estiloso, un mundo donde es importante la imagen. Mucha de la gente que allí trabaja es tan extraordinariamente guapa que eso es su estilo. Pero no es mi caso, y lo sé.

Cuando Ron y yo empezamos con Imagine, eran los años noventa, una época en la que los productores masculinos de Hollywood formaban algo así como una personalidad colectiva. Eran un grupo de productores jóvenes y con éxito que hacían películas agresivas, de acción. Ellos mismos eran hombres agresivos, hombres de acción; unos «gritones», ese tipo de gente que dirigen a sus compañeros arrojándoles cosas y gritando. Y mucha gente de ese grupo llevaba barba. Eran unos tipos barbudos y agresivos que producían películas agresivas.

Yo no era así. No iba a hacer películas de acción, y no me sienta bien la barba.

En mis primeros años en Hollywood trabajé para una par de gritones, pero no me gusta que me griten y tampoco ser un gritón.

Tampoco quería pasar desapercibido, sentía que necesitaba definirme de un modo que la gente se acordara de mí, así que el tema de un estilo personal, el modo de vestir, la imagen, era algo que tenía en mente.

Todo eso empezó una tarde de 1993 cuando estaba nadando con mi hija Sage, que en aquel entonces tenían unos cinco años. Cuando salí a la superficie de la piscina, me metí los dedos entre los cabellos húmedos y me quedaron levantados.

«¡Estás genial así!», dijo Sage.

Me miré en el espejo y me dije: «Una imagen muy interesante».

Así que me apliqué gel para que me quedara el cabello tieso, y luego lo hice cada día.

Aquel cabello se hacía notar, al instante producía una reacción extraordinaria en la gente.

Yo diría que un 25 por 100 de la gente pensaba que era muy estiloso.

Otro 50 por 100 de la gente sentía curiosidad: ¿Por qué llevas el cabello así? ¿Qué haces para que te quede de ese modo?

La gente que ya me conocía estaba entre los curiosos, me decían: «Oye, Brian, ¿qué pasa con tu pelo? ¿Qué estás pensando? ¿Qué consigues con eso?».

Luego estaba el restante 25 por 100: la gente que odiaba el cabello así. Se ponían furiosos, me miraban y de inmediato decidían que era un idiota rematado.

Me encantado todo eso. Me gustaba originar ese tipo de reacciones en la gente. Mi cabello les despertaba curiosidad respecto a mi persona. Poco después de empezar a peinarme de ese modo, oí a gente que hablaba de ello pensando que no la escuchaba.

«Oye, ¿qué pasa con Grazer? ¿Qué se hace en el cabello?».

Michael Ovitz, el famoso superagente y corredor de bolsa de Hollywood, se hizo un nombre en el mundo de los negocios a mi lado. Me presionaba decidiéndome: «No te hagas eso en los cabellos, la gente del mundo de los negocios no te va a tomar en serio».

Había gente que pensaba que yo era un creído por llevar así el cabello. Lo cierto es que se aquello me hizo pensar que el mundo hollywoodense se divide en dos categorías: la de los hombres de negocios y la de los artistas. Pensé que aquel estilo me situaba en la categoría de los artistas, en la que me sentía más a gusto.

Al cabo de unos meses de llevar el cabello tieso, pensé en dejarlo, había demasiada gente hablando del tema.

Pero entonces me di cuenta de que el cabello les creaba cierta curiosidad respecto a mí, pero lo verdaderamente interesante era que las reacciones de la gente respecto a mi cabello decían más sobre lo que pensaban de mí que lo que descubrían de mí, o de mi cabello.

Empecé a ver mi melena como un test sobre mundo. Vi que les estaba sonsacando la verdad sobre lo que sentían hacía mí mucho más rápidamente que teniendo que esperar a que ocurriera. Así que lo dejé tal como estaba.

De hecho, el cabello hace algo más por mí. Deja que la gente sepa que este tipo no es lo que parece, que es un poco impredecible. No soy un tipo sujeto a reglas, soy un poco diferente.

Por eso mi cabello es importante.

Hollywood y el mundo del espectáculo constituyen una ciudad pequeña, y como en cualquier sector industrial, tiene un sistema definido de reglas, prácticas y tradiciones. Para conseguir cosas, hay que seguir las reglas.

Yo lo único que hice fue ponerme gomina en el cabello, como estrategia, y algunas personas se volvieron majaretas. No algunas personas sólo: una de cada cuatro.

Mis cabellos no tuvieron el menor impacto en ningún guionista, director o artista, no cambiaron la comercialización de una película ni los ingresos de los estrenos del fin de semana, pero hicieron que un montón de gente –alguna de ella gente importante–, se sintiera realmente incómoda.

Imagina ahora la reacción, la resistencia, cuando haces algo diferente de lo esperado en una categoría que realmente importe.

Pero yo no quiero hacer el mismo tipo de trabajo que hace todo el mundo, ni siquiera quiero hacer el mismo tipo de trabajo que hacía cinco o diez años atrás.

Yo quiero variedad, quiero contar historias nuevas –o historias clásicas de maneras nuevas–, tanto porque eso hace que mi vida sea interesante como porque hace que la gente vaya al cine o encienda el televisor.

Quiero tener la oportunidad de ser diferente.

¿De dónde saco la confianza para ser diferente? Gran parte proviene de la curiosidad. De joven pasé años intentando entender el mundo del espectáculo en el que estoy metido. He pasado años y años conectándome al modo en que funciona el resto del mundo.

Las conversaciones basadas en la curiosidad me dan una mina de experiencia y de comprensión que va bastante más allá de mi propia experiencia directa.

Pero esas conversaciones me aportan también experiencia de primera mano al exponer mi falta de conocimiento, mi ingenuidad. Ensayo siendo un ignorante. Estoy muy dispuesto a admitir que no sé nada, porque sé que así es como aprenderé más. Hacer preguntas puede parecer que es algo así como exponer tu ignorancia, pero realmente es justo lo contrario. La gente que hace preguntas muy pocas veces es considerada estúpida.

El epigrama que encabeza este capítulo: «La curiosidad dominará el miedo incluso más que la valentía», es de un libro del poeta irlandés James Stephens; la cita va un poco más allá.

La curiosidad vence al miedo más fácilmente que el valor; en efecto, ha llevado a mucha gente a enfrentarse a peligros a los que con el simple coraje físico no se habrían enfrentado, pues el hambre, el amor y la curiosidad son grandes fuerzas impulsoras de la vida.

Eso es lo que la curiosidad ha hecho por mí, y lo que creo que puede hacer por casi todo el mundo. Puede dar el coraje de ser intrépido y ambicioso. Lo da haciéndote sentir cómodo estando un poco incómodo. El inicio de cualquier viaje siempre pone un poco nervioso.

He aprendido a surfear ya siendo adulto. He aprendido a pintar de adulto. Aprendí a hacer surf después de producir *En el filo de las olas,* una película sobre el poder femenino rodada en la orilla norte de Oahu.

Algunas de las personas que trabajaban en la película estaban haciendo surfing allí –con algunas de las olas más gigantes del mundo–, y yo me quedé fascinado de cómo se mueven las olas y de cómo es eso de cabalgarlas. Me encanta el surfing, requiere mucha concentración, y eso hace que se te disipen todas las preocupaciones del momento. Es además totalmente apasionante.

También me apasiona pintar. Lo encuentro totalmente relajante. No soy un gran pintor, ni siquiera soy especialmente bueno en cuanto a la técnica se refiere, pero supongo que lo que importa en la pintura es lo que estás intentando decir, no que lo digas perfectamente. No necesito tener una gran técnica pictórica para encontrar originalidad y para sentirme motivado. Aprendí a pintar después de conocer a Andy Warhol y a Roy Lichtenstein.

En ambos caso, mi curiosidad superó mi miedo. Me sentí inspirado para hacer ambas cosas gracias a la gente que mejor lo hacían del mundo. No estaba intentando ser un surfista de primera línea o un pintor de categoría, sólo sentía curiosidad por probar la emoción, la satisfacción que aquella gente sacaba de dominar algo que es a la vez duro y satisfactorio.

La curiosidad da poder, pero no el tipo de poder que proviene de los gritos o de la agresividad. Se trata de un tipo de poder relajado y tranquilo, de un poder acumulativo. La curiosidad es poder para gente real, para gente que no tiene superpoderes.

Yo protejo esa parte de mí mismo, la parte que no tiene miedo de parecer un tanto ignorante. No saber una respuesta nos abre al mundo, siempre que uno no intente esconder lo que no sabe. Siempre intento se consciente de mi ignorancia.

Sin saberlo, la gente que al principio odiaba mi cabello estaba en lo cierto. Es algo así como un reto. El cabello parece ser una cuestión de estilo estético propio, pero para mí es un modo de recordarme a mí mismo cada día que intento ser un poco diferente, que ser diferente requiere coraje, del mismo modo que requiere coraje peinarse con el cabello tieso, pero uno puede ser diferente de un modo que haga sonreír a los demás. Lo primero que hago cada mañana al levantarme es engominarme el cabello, algo que requiere unos diez segundos. Nunca me salto ese paso. Y veinte años después de empezar a hacerlo, se ha convertido en mi firma, y mi manera de contemplar mi trabajo encaja con mi cabello. Además es una gran manera de empezar una conversación y de destacar.

En febrero de 2001 fui a pasar cuatro días a Cuba con un grupo de siete amigos que también están en el mundo de los ejecutivos de la comunicación. En el grupo estaba Graydon Carter, editor de *Vanity Fair;* Tom Freston, en aquel entonces director ejecutivo de la cadena de televisión MTV; Bill Roedy, entonces presidente de la MTV; el productor Brad Grey; Jim Wiatt, jefe entonces de la Agencia William Morris, y Les Moonves, presidente de la CBS.[10]

Además de la visita, tuvimos un encuentro con Fidel Castro. Castro iba ataviado con su habitual uniforme militar y estuvo hablando con nosotros —con la ayuda de un traductor— durante tres horas y media, creo que sin darse un respiro. Su discurso fue el de siempre, en general habló de lo sorprendentemente maravillosa que es Cuba y lo perversos que es Estados Unidos.

Cuando acabó de hablar, me miró –yo no era la persona más importante del grupo– y por medio del traductor me hizo una pregunta: ¿Cómo hace usted para que el cabello le quede tan tieso?

Todo el mundo se echó a reír. Incluso a Fidel Castro le gustó mi cabello.

CAPÍTULO CINCO

Cada conversación
es una conversación curiosa

··

> *La conexión da significado a nuestra vidas. La conexión es la respuesta al porqué estamos aquí.*
>
> BRENÉ BROWN[1]

EN LA PRIMAVERA DE 1995, nosotros, los de Imagine Entertainment, estrenamos jefe. Al igual que todos los demás, yo deseaba causarle buena impresión, aunque no estaba demasiado seguro de cómo conseguirlo.

En realidad, hacía treinta años que no tenía un jefe en el sentido convencional del término, alguien que me llamara y me dijera qué era lo que debía hacer, alguien a quien tuviera que rendir cuentas cada pocos días. Ron Howard y yo llevábamos dirigiendo Imagine juntos –con otras muchas personas– desde 1986.

Durante aquel tiempo, nuestro socio más antiguo había sido Universal Studios, esa empresa financiaba y distribuía muchas de las películas que nosotros producíamos. Así que yo consideraba como «jefe» a cualquiera que dirigiera los estudios Universal, en cuanto a que necesitábamos trabajar con esa persona, desarrollar y mantener una fuerte relación personal y profesional para acordar el tipo de películas que íbamos a realizar juntos. Siempre había en la balanza miles de millones de dólares.

A mediados de los años noventa, habíamos realizado con Universal películas que eran importantes y exitosas a la vez: *Todo en familia* (1989), *Poli de guardería* (1990), *Llamaradas* (1990) y *Detrás de la noticia* (1994).

Cuando Lew Wasserman dirigía los estudios Universal, quise conocerle más que en aquel encuentro de juventud cuando él me dio un lápiz y una libreta.

Cuando la empresa electrónica Matsushita compró Universal, fui a conocer a su gerente, Tsuzo Murase.

Y cuando Matsushita vendió los estudios Universal a la empresa Seagram en 1995, sí, los estudios Universal pasaron de ser independientes a ser propiedad de una empresa japonesa de electrónica y luego a manos de una empresa de licores canadiense, yo quise conocer al director ejecutivo de Seagram, Edgar Bronfman.

Durante las primeras semanas después de la venta de la empresa no oí hablar de Bronfman; pero después oí que Bronfman había llamado a Steven Spielberg y al director y productor Ivan Reitman. Me pregunté qué hacer. Yo era un productor de cine, y producía montones de películas con lo que de repente se había convertido en la empresa de Bronfman.

Edgar Bronfman era el director ejecutivo de una empresa que ganaba 6400 millones de dólares al año. No estaba muy seguro de cómo llegar hasta él.

¿Debía llamarle a su despacho?

¿Debía enviarle un correo electrónico?

Bob Iger, el director de Disney, era un compañero y amigo que alguna vez me había dado más de un buenísimo consejo. Me había dicho: «No hacer nada puede ser en sí una acción muy potente».

En aquellos días, en el transcurso de 72 horas, se reunió con Vladimir Putin, después estuvo en Londres en los platós de la nueva película Star Wars (La guerra de las galaxias), luego fue a China a trabajar con Disney Shangai, y finalmente regresó a Los Ángeles para estar en uno de los partidos de baloncesto de sus chicos. Ese mismo fin de semana, volvió entusiasmado a hablar sobre la biografía de 1.800 páginas de Wiston Churchill que había acabado de leer durante sus viajes. La perseverancia de Bob por conseguir la excelencia y satisfacer su propia curiosidad, de amplio espectro, son inagotables.

Mientras pensaba en el modo de acceder a Bronfman, me vino a la cabeza el consejo de Bob. Suelo pensar que *la acción* es la mejor manera de afrontar algo. Sé cómo ser paciente, pero no acostumbro a dejar que las cosas sucedan sin más, las fuerzo suavemente. Al menos así es como funcioné durante los primeros años de mi profesión. Teniendo en cuenta el consejo de Iger, decidí esperar y no hacer nada.

«No hacer nada puede ser en sí una acción muy potente».

Entonces, hubo una llamada de la Casa Blanca que me solucionó el problema.

Aquella primavera estábamos listos para lanzar la *première* de la película *Apolo 13* en verano, estaba previsto que se estrenara el 30 de junio de 1995 en 2200 salas de cine. En el mes de mayo recibimos una llamada telefónica en la que se nos invitaba a hacer un pase previo de la película, frente al presidente Bill Clinton, su familia y unos cuantos invitados, sería tres semanas antes, el 8 de junio en la sala de cine de la Casa Blanca.

Así es como funcionan las proyecciones en la Casa Blanca, se invita a que la película sea exhibida y la gente responsable de ella acude allí.

Iría Tom Hanks y su esposa, Rita Wilson, el astronauta de la Nasa Jim Lovell, que Hanks había interpretado; el director, Tom Howard, y yo como productor de la película. También estaban invitados Ron Meyer, el director de los estudios Universal y Edgar Bronfman, el director ejecutivo de la compañía propietaria de los estudios.

¿Podía haber algo más perfecto?

Habían invitado a mi película a ser exhibida en la Casa Blanca, en la pantalla de cine quizás más prestigiosa de todo el país. Y mi nuevo jefe iba a ser unos de los invitados de la Casa Blanca, no sólo por ir a presenciar mi película, sino a causa de ella. Se trataba de la presentación más extraordinaria que uno podía imaginar.

Aquélla era la primera vez que yo iba a la Casa Blanca. La noche empezaba con una recepción. Bronfman estaba allí y el presidente Clinton y su esposa Hillary se unieron a nosotros (su hija Chelsea no), junto a algunos senadores, congresistas y uno o dos secretarios de Gobierno.

Tras los cócteles, entramos todos en la sala de proyecciones, la cual era sorprendentemente pequeña, con unas sesenta butacas. Nos sirvieron palomitas, todo era muy casero, nada sofisticado.

El presidente Clinton permaneció sentado en la butaca durante toda la película. Y, al terminar, en el momento en que la Nasa restablece el contacto con la capsula y la imagen de los tres paracaídas de color naranja y blanco llena las pantallas de la misión de control, la sala de proyecciones estalló en aplausos.

Fue, tal y como esperaba, una gran lugar para conocer a Edgar Bronfman. Aquella noche había mucha gente deseosa de llamar su atención, pero pude hablar con él unos minutos. Bronfman, alto y desgarbado, es muy elegante y extremadamente educado. Me dijo: «Me encanta la película, estoy muy orgulloso de ella».

Tan sólo hacía unas semanas que estaba al frente de la Universal, pero puede asegurarse de que estaba verdaderamente entusiasmado con el mundo del espectáculo. Tres semanas más tarde acudió con su esposa Clarissa al estreno oficial de *Apolo 13*. El encuentro en la Casa Blanca fue el inicio de una amistad y de una estrecha relación de trabajo que duró los cinco años que Edgar dirigió la Universal como parte de Seagram.

Aquél fue mi primer encuentro con el presidente Clinton, y como otra mucha gente había explicado de su experiencia, Clinton pareció conectar conmigo de una manera especial, una conexión que sigue a día de hoy. El presidente apreció claramente el espíritu de *Apolo 13,* del modo en que la película refleja cómo los ingenieros de la Nasa y los astronautas convierten una potencial tragedia en un triunfo del ingenio norteamericano.

Más tarde, el presidente Clinton se convirtió en una gran fan de la serie televisiva *24.* Me contó que *24* le había emocionado especialmente, y que la serie había conseguido captar un montón de detalles sobre el mundo del servicio de inteligencia y antiterrorismo, y que finalmente Jack Bauer siempre pescaba a los malos. En la vida real, me contó, el presidente y el servicio de inteligencia y defensa del país a menudo se enzarzan en historias burocráticas, limitaciones legales y papeleos, por no mencionar la incertidumbre. Para el presidente Clinton, *24* es la experiencia de un deseo cumplido, y afirmaba que sería estupendo actuar a veces con la audacia y la independencia de Jack Bauer.

༄ ༄

HASTA AHORA, AL HABLAR SOBRE LA CURIOSIDAD he intentado desentrañar los diferentes tipos de curiosidad: hemos intentado desmenuzarla, crear una taxonomía del modo de pensar en ella, clasificarla y utilizarla.

Una herramienta de descubrimiento, una especia de arma secreta para comprender lo que otra gente no comprende.

Una descarga de creatividad e inspiración.

Una manera de motivarse uno mismo.

Una herramienta para la independencia y la autoconfianza.

La clave de narrar historias.

Una forma de valentía.

Pero considero que el uso más valioso de la curiosidad es una que aún no hemos explorado. De hecho, hasta hace muy poco no he tropezado con esa cualidad de la curiosidad, o al menos no he sabido reconocerla. Es tan obvio que cuando lo digo es posible que me lances una mirada de desdén. Pero también hay un tipo de curiosidad que pasa desapercibida, que descuidamos, y dejamos pasar por alto aunque sea la más potente a la hora de mejorar nuestra vida, la vida de los que tenemos más cerca y las vidas de aquéllos con los que trabajamos a diario. Hablo de la conexión humana que se crea gracias a la curiosidad.

El vínculo humano es el elemento más importante de nuestra vida cotidiana. Los vínculos que tenemos con nuestros compañeros y jefes, nuestras parejas, nuestros hijos y nuestros amigos.

Las relaciones y vínculos humanos requieren sinceridad, requieren compasión, requieren confianza.

¿Puedes realmente tener sinceridad, compasión o confianza sin la curiosidad?

No lo creo. Si te detienes a pensar en ello, cuando contemplas tus propias experiencias en el trabajo y en casa, está muy claro que una auténtica conexión humana requiere curiosidad.

Para ser un buen jefe, tienes que sentir curiosidad por la gente con la que trabajas. Y también para ser un buen compañero, una buena pareja, un buen padre.

El amor verdadero requiere curiosidad, y mantener ese amor requiere mantener la curiosidad. La intimidad real requiere curiosidad.

Yo utilizo a diario la curiosidad para dirigir a la gente con la que trabajo, no sólo en los términos que ya hemos hablado, sino como una herramienta para crear confianza, cooperación y compromiso.

Utilizo a diario la curiosidad con mi pareja y con mis hijos y amigos —no siempre con la habilidad que me gustaría, debo confesar—, para mantener mis relaciones vivas y frescas, para mantenerme bien conectado.

La conexión humana es la mejor manera de mantenerse vivo. Es la clave para mantenerse felices y satisfechos con el modo en que vivimos.

Y la curiosidad es la clave para conectarse y mantenerse conectado.

No hace mucho tuve una reunión en mi despacho con una ejecutiva de mi productora cinematográfica. Había acudido para hablar conmigo de una de las películas que estábamos produciendo, una que contaba con grandes estrellas de cine y una serie de historias entrelazadas.

Era una reunión corta, tan sólo un informe de cómo iba todo. Las películas tienen muchos altibajos durante muchos meses, y comportan muchas reuniones antes de que acaben en una sala de proyecciones, o a veces se desinflan y simplemente no llegan nunca a estrenarse.

Esa película en concreto llevaba más de un año en preparación ya aún no se había rodado ni una sola escena. La escuché durante unos minutos y luego la interrumpí delicadamente. «¿Por qué deberíamos hacer esta película? —pregunté—. ¿Por qué la estamos haciendo?».

Mi compañera de trabajo se detuvo y me miró. Había estado mucho tiempo en Imagine y me conocía muy bien. Contestó a mi pregunta detallando lo que nos había llevado a hacer esa película, lo que nos había aportado, por qué nos ilusionó en su momento.

Yo sabía todo eso, y ella sabía que yo lo sabía. Me estaba contestando a la pregunta de por qué *estábamos* haciendo aquella película, no a la pregunta de por qué *deberíamos* hacerla.

Unos minutos más tarde, lo intenté de nuevo.

«¿Te gusta esta película?», le pregunté.

Sonrió. No negó con la cabeza, pero podría haberlo hecho. Sin decir palabra, su sonrisa dijo: *¿Que si amo esta película? ¿Qué pregunta es ésa? Me encanta la idea de que después de tantas reuniones, tantas negociaciones, tantos cambios de repertorio y de calendario, rodemos la película, eso es lo que amo, eso es lo que me gusta.*

Se libró de mi pregunta de la misma manera que un boxeador se libra de un salto de un puñetazo. ¿Amor? ¿Qué es el amor? La película está ahora en un agujero. Hubo un tiempo en que la amamos, amábamos la idea, el repertorio, la organización, el ambiente que íbamos a crear en la gente… hace un año. Entonces la película tenía que salir de aquel agujero. ¿Quién sabe si nos volvería a ilusionar? Seguramente no nos gustaría hasta que no viéramos algo de ella en una pantalla.

Asentí con la cabeza. Mi compañera añadió un par de cosas, ella era muy organiza y cuando venía a mi despacho llevaba una lista con las cosas que necesitaba hablar conmigo. Cuando acabó con la lista lo dejó.

Yo no le había dicho qué hacer con aquella película estancada. Y ella no me había preguntado qué hacer con ella, pero supo enseguida lo que yo sentía al respecto. Ya no me gustaba. Tampoco me acordaba de que me hubiera encantado. Creo que se había convertido en un fardo que nos estaba quitando el tiempo, la energía y la emoción que poníamos en los proyectos que realmente amábamos.

Pero aquí aparece un elemento clave de mi personalidad: no me gusta hacer de jefe con la gente; no me gusta decir a la gente qué es lo que tiene que hacer, no me satisface en absoluto. Así que me las apaño con la curiosidad, haciendo preguntas.

De hecho, eso es algo que hago de manera instintiva. No necesito detenerme y recordarme a mí mismo el hacer preguntas en vez de dar instrucciones. Trabajar con mucha gente significa tener muchas reuniones, conversaciones o conferencias, una detrás de otra. En un día ordinario, puedo tener unas cincuentas charlas sobre un tema u otro, pero prefiero escuchar lo que los demás tienen que decir, por eso hago preguntas de manera instintiva. Si me estás oyendo al otro lado de la línea telefónica, te darás cuenta de que digo poco, a excepción de alguna que otra pregunta.

Mi idea es que la mayoría de los jefes y gerentes, y la mayoría de los lugares de trabajo, no funcionan así.

A veces hay que dar órdenes.

A veces tengo que dar órdenes; pero si dejamos de lado las instrucciones rutinarias que forman parte de cualquier trabajo, la petición de hablar con alguien por teléfono, buscar una cosa determinada o concertar una cita, casi siempre empiezo haciendo preguntas.

Sobre todo, creo que las preguntas son una herramienta genial cuando veo que alguien no está haciendo las cosas como me gustaría o algo está tomando un camino que no me gusta.

A menudo la gente cree que si va a haber un conflicto, tiene que empezar mostrando mano dura, que es necesario recordar quién está al mando.

A mí no me preocupa quién está al mando. Me preocupa estar seguro de que vamos a tomar la mejor decisión posible, a tener el mejor repertorio posible, las mejores caravanas, la mejor financiación, la mejor película.

Hacer preguntas comporta información, claro está.

Hacer preguntas crea el espacio para que la gente destape temas que le preocupan que quizás el jefe o los compañeros ignoraran.

Hacer preguntas da a la gente la oportunidad de contar una historia diferente de la que uno esperaba oír.

Y lo que es más importante desde mi punto de vista: hacer preguntas significa que la gente tenga que explicar las razones por las que desean tomar una decisión.

El mundo cinematográfico se basa en poder llevar a cabo tus propias decisiones. Con la película *Splash* tuve que defender mi idea cientos de veces durante más de siete años. Después de treinta exitosos años haciendo películas, eso es algo que no ha cambiado para mí. En verano del 2014, produjimos la película *El rey del soul,* la historia de James Brown y de su extraordinario impacto en la música que escuchamos hoy día. Tate Taylor, que hizo *Criadas y señoras,* fue quien dirigió la película, Mick Jagger la coprodujo, y Chad Boseman, que hizo el papel de Jakie Robinson en la película *42,* fue quien la protagonizó.

Estuve años trabajando en la idea de hacer una película sobre James Brown y su música, su historia era fundamental, muy norteamericana. No era tan sólo que James Brown proviniera de una familia pobre, que sufriera discriminación, es que además fue abandonado por sus padres y creció en un burdel. No tuvo apenas una educación básica, ni tampoco una educación musical formal, pero así y todo creó una forma totalmente nueva de actuar sobre el escenario. James Brown fue totalmente creador, totalmente independiente, totalmente creativo. Su repercusión en la música norteamericana es tremenda. Aunque tuvo que pagar un alto precio. Se trata de una historia de triunfo, pero también de soledad, para él y para sus más allegados.

Yo llevaba ya veinte años interesado en la música y vida de James Brown, trabajé con él en la película durante ocho años: comprando los derechos de la historia de su vida, intentando extraer de ello la historia y el argumento ideal y reuniéndome con él una y otra vez. Pero cuando murió en 2006, antes de haber hecho la película, los derechos volvieron a ser de su propiedad. Me desanimé, teníamos que empezar de nuevo.

Conocía un poco a Mick Jagger, el cantante de los Rolling Stones, sólo un poco, me había reunido con él unas cuantas veces. Mick sentía pasión por la fuerza de la música de James Brown y por su historia, tanto como yo. Cuando Brown murió, Mick me llamó y me dijo: «Vamos a hacer juntos esa película». Él sabía que yo tenía un guion, y me dijo que intentaría renegociar los derechos.

Y teníamos que presentar la idea de nuevo a Universal Pictures, que ya había perdido dinero anteriormente cuando yo había intentado por primera vez hacer la película.

Mick y yo fuimos a ver a Donna Langley, jefa de Universal Pictures. Era inglesa y adoraba a los Rolling, con cuya música había crecido. Fue una reunión extraordinaria. Mick es graciosísimo, tranquilo, elocuente. Habló con Donna sobre James Brown, sobre el guion, sobre el tipo de película que queríamos hacer, y todo con el genuino acento de Mick Jagger. Hizo el encuentro gracioso y atractivo.

Y aquello funcionó. Después de llevar 35 años en el mundo del espectáculo, después de haber ganado un Óscar, necesité a Mick Jagger para que aquello funcionara.

Así que si sobrevives en Hollywood, y creo que si sobrevives en cualquier otra empresa, tienes que aprender a «defender el proyecto», sea lo que sea que te propongas hacer. Defender el proyecto significa contestar las grandes preguntas: ¿por qué este proyecto? ¿Por qué ahora?

¿Por qué con este grupo de artistas? ¿Por qué esa inversión de dinero? ¿Quién es el público (o el cliente)? ¿Cómo captaremos a ese público (o a esos clientes)?

Y la pregunta mayor de todas es la que yo siempre llevo al centro de la conversación: ¿cuál es la historia? ¿De qué va la película?

Defender el proyecto significa contestar también a los detalles: ¿por qué tienen que ir las canciones en ese orden en la banda sonora? ¿Por qué esa actriz de reparto? ¿Por qué esa escena?

Ninguna de esas preguntas se responde con un sí o un no. Son preguntas abiertas, preguntas en las que la respuesta puede ser una historia, a veces corta, a veces larga.

Yo hago esas preguntas y escucho las respuestas. A veces, las oigo con una expresión escéptica, estoy seguro; otras, las escucho con una mirada distraída.

Y a veces es necesario hacer preguntas más abiertas incluso.

¿En qué tienes puesto el objetivo?

¿Por qué te centras en ese objetivo?

¿Qué te preocupa?

¿Qué plan tienes?

Creo que hacer preguntas crea un vínculo mayor con la gente con la que trabajo. Es algo sutil. Pongamos que tienes una película con problemas. Le pides al ejecutivo responsable de ella que la película se desenvuelva de acuerdo con sus planes. Haces un par de cosas con sólo hacer un par de preguntas. Dejas claro que tiene un plan y que es esa persona la responsable del plan. La cuestión en sí misma implica la responsabilidad del problema y la autoridad para que se resuelva.

Si trabajas con gente preparada que desea hacer el trabajo que están haciendo, querrán hacer todavía más tarea de la que hacen. Una sencilla cualidad de la naturaleza humana es que las personas prefieran elegir por sí mismas las cosas que hacer antes que les ordenen hacerlas. Yo mismo, tan pronto como me dicen que tengo que hacer algo, dar una conferencia, asistir a un banquete, ir a Cannes, de inmediato intento el modo de evitar hacerlo. Pero si me invitan a hacer algo, lo más probable es que desee hacerlo.

Trabajo a diario con actores, con gente guapa, encantadora y carismática cuyo trabajo consiste en convencerme para que crea en ellos.

Ser un gran actor significa eso: tener la habilidad de hechizar al público, convencerle de que es el personaje que interpreta. Un gran actor origina credibilidad.

Si te detienes un momento a pensar en ello, te darás cuenta de que tener gente así empleada es muy difícil. Los actores son difíciles de manejar porque están acostumbrados a conseguir lo que quieren y porque su talento consiste en persuadirte para que veas el mundo de la manera que ellos desean. Por ese motivo los has contratado.

¿Soy yo el «jefe» de la película? ¿Es el director el «jefe» de la película? De maneras diferentes, el productor y el director son el jefe» de la película.

Si no te encuentras en el lugar de localización de la película, llegar a rodarla puede costarte unos 300.000 dólares al día, eso significa unos 12.500 dólares por hora, aunque todo el mundo esté durmiendo.

Si un actor se vuelve loco, protesta, o quiere que le recarguen el jet de combustible, es la persona que hace frente a la situación, que está a cargo.

Uno no puede dejar que la gente se comporte mal, pero tampoco puede apretarle las tuercas a un actor. Si alguien acaba teniendo una actitud impropia, no se consigue que tenga la actuación deseada.

Cuando hay un problema, cuando hay un conflicto de 300.000 dólares diarios, lo deseable es encontrar la manera de mantener una conversación para convencer a la estrellas o a las estrellas de que colaboren. Uno quiere convencerlos, no darles órdenes.

En 1991 rodamos la película *Un horizonte muy lejano,* y a la cabeza teníamos a Tom Cruise. Tom estaba en la cúspide de su carrera, tenía tan sólo 29 años, pero ya había hecho *Top Gun* (1986), *El color del dinero* (1986), *Rain Man* (1988) y *Nacido el 4 de julio* (1988).

No es difícil trabajar con Tom, pero *Un horizonte muy lejano* era todo un reto de película. Era la historia épica de dos emigrantes que a finales del último siglo salieron de Irlanda para dirigirse a América. Rodamos en Irlanda y también en el oeste de Estados Unidos. Era caro, pero no totalmente comercial. Una vez se puso el coste que iba a suponer, en los estudios me dijeron que encontrara el modo de recortar el presupuesto.

Fui a ver a Tom al lugar de rodaje. Hablamos, yo le dije: «Mira, sé que tú no eres el productor de la película, pero todos queremos hacerla, todos tenemos la visión de la película que estamos haciendo, de la historia que nos ocupa. Va a resultar cara, pero no podemos gastar tanto como parece que va a costar. Tenemos que restringir el presupuesto».

Le dije a Tom: «¿Podrías ser tú el líder del elenco y del equipo? ¿Podrías ser el tipo que da ejemplo?».

Me miró y me dijo: «Doy ese perfil al 100 por 100. Cuando tengo que ir al baño voy corriendo hasta el remolque y vuelvo corriendo al rodaje. Voy a marcar el ritmo de la excelencia y del respeto, y voy a ser estricto».

Y eso fue exactamente lo que hizo. Lideró el grupo, se motivó y motivó a los demás.

No fui a decir a Tom lo que tenía que hacer. No ordené a nadie que trabajara más, que hiciera más por menos. Simplemente expliqué la situación en la que estábamos, fui al líder, a la persona del grupo que los otros respetarían, y le hice una pregunta: ¿puedes liderar esto?

Ser persuasivo y tener éxito en una situación así no está garantizado. Parte de ello se basa en el modo en que uno mismo se presente. Creo que Tom apreció que acudiera a él con el problema, que le tratara de igual a igual, que le considerara parte de la solución. Dejé que Tom sintiera curiosidad por conocer el problema y la manera de solucionarlo.

Parte de ello estriba en el carácter de Tom, una persona que no piensa tan sólo en ella. Uno tiene más oportunidades de éxito en un momento clave como ése cuando le pide a alguien que crezca, en vez de ordenarle que lo haga.

Así, por ejemplo, considero que mi sociedad con Ron Howard funciona sólo porque nunca decimos uno al otro lo que tiene que hacer, siempre preguntamos.

Si necesito que Ron llama e Russell Crowe, no le digo: «Ron, necesito que llames a Russell Crowe»; le digo algo como: «¿Qué pensarías de llamar a Russell Crowe?». O bien: «¿Crees que sería buena idea que llamaras a Russell Crowe?». O bien: «¿Cómo crees que se tomaría Russell Crowe que le llamaras?».

A menos que Ron me haga una pregunta específica, a contestar sí o no, nunca le digo lo que tiene que hacer.

Lo mismo me sucede en mi relación con Tom Hanks, Tom Cruise, Denzel Washington; pregunto, no ordeno. Estoy, claro está, comunicando lo que deseo, pero dejo que ellos sean quienes tomen la decisión, quienes elijan. Saben lo que quiero, pero tienen libertad de acción, pueden decirme que no.

No se trata tan sólo de un estilo personal, el auténtico beneficio de preguntar en vez de ordenar es que crea espacio para conversar, para dar otras ideas, otras estrategias.

Confío totalmente en Ron Howard, confío en su instinto artístico, confío en su juicio, confío en su afecto y respeto hacia mí y hacia lo que estamos haciendo.

Así pues no quiero decir: «Ron, necesito que llames a Russell Crowe». Lo que quiero decir es: «¿Ron, qué pasaría si llamaras a Russell Crowe?». Pues de ese modo, permito a Ron que frunza el entrecejo y hable de una manera diferente de abordar a Russell.

Y he descubierto otras características inesperadas del método de las preguntas: transmiten valores. De hecho, las preguntas pueden transmitir valores más potentes que una simple orden diciendo a la gente lo que queremos que haga.

¿Por qué pregunto a la productora ejecutiva de mi película si le está gustando esa película que no avanza? Pues porque quiero que le gusten las películas que está produciendo. Hace mucho tiempo que estamos en este mundillo, y llegados a este punto la única razón para hacer un proyecto es que nos entusiasme. Si le digo, a ella o a cualquier otro, «Vamos a hacer sólo las películas que realmente nos gusten», es posible que eso suene a objetivo, a teoría o a, lo que es peor, perogrullada.

Si pregunto directamente: «¿Te gusta esta película?», la respuesta deja claro lo que pienso respecto a cuáles son nuestras prioridades.

Así ocurrió con Tom Cruise en *Un horizonte muy lejano*. Si vuelo a Irlanda y empiezo a decir a todo el mundo que necesitamos ahorrar costes, que necesitamos que la película se haga más rápidamente, recortar efectos especiales, recortar en el *catering,* etc., actúo como el típico ejecutivo de Los Ángeles que acude con malas noticias y dando órdenes.

Si me siento tranquilamente con Tom y le pregunto: «¿Podrías liderar esto?», el momento se llena de oportunidades. Nos preocupa la película, tenemos que encontrar una manera de proteger toda la historia sin dejar de lado un presupuesto razonable. Necesito ayuda, y siento tanto respeto por Tom que le pido que me ayude a resolver el problema, que me ayude a controlar toda la película. Se trata de un mensaje potente, de sólo tres palabras y dos signos de interrogación.

ᕲ ᕲ

LA CURIOSIDAD EN EL TRABAJO NO ES sólo una cuestión de estilo, es mucho más que eso.

Si eres el jefe y diriges la empresa haciendo preguntas estás creando la base, el caldo de cultivo de tu empresa o de tu grupo. Estás haciendo saber a la gente que su jefe desea escucharla. No se trata de ser «afectuoso» o «amigable», se trata de comprender lo complicado que es hoy día el mundo del espectáculo, lo indispensable de contar con diversos puntos de vista y lo difícil que es el trabajo creativo.

Y es difícil porque con frecuencia no hay una respuesta correcta. Piensa un momento en algo que parece muy sencillo: el diseño de la página del buscador de Google.

¿Cuántas maneras hay de diseñar una página web? ¿Cuántas maneras hay de diseñar un buscador de Internet? Un número infinito, por supuesto.

La página Google es legendaria por su apariencia sobria, escueta, diríamos. Hay una página limpia, un recuadro de búsqueda, un logo y dos puntos: «Búsqueda Google» y «Voy a tener suerte», y un gran espacio en blanco. Hoy día la página Google está considerada un triunfo del diseño gráfico, un ejemplo de cómo se puede tomar algo tan complejo como la World Wide Web y hacerlo sencillo y accesible.

Tanto Bing como Twitter parecen canalizar la simplicidad y efectividad de Google en sus páginas, pero ninguno de ellos consigue no atiborrar sus diseños.

Hay dos cosas fascinantes en la historia del diseño de la página de Google, la primera es un accidente. Sergey Brin, uno de los dos socios de Google, cuando en 1998 él y Larry Page lanzaron el buscador, no sabía cómo crear un código HTML, de modo que diseñó una página lo más sencilla posible porque sus conocimientos no le permitían hacerlo de otro modo. La segunda cosa es que la gente encontró aquella página sencilla tan diferente del resto de la recargada red que no entendía qué hacer. Se sentaba frente a aquella página limpia esperando que se cargara el resto en vez de dar al clic de búsqueda. Google resolvió la confusión colocando una diminuta línea al final de la página de búsqueda (no hay nada más) para que los usuarios supieran que la página se había acabado de cargar.[2]

De modo que la historia de la brillante página de Google es sorprendente principalmente porque no se hizo como diseño, y costó un poco que su brillantez se hiciera patente. Brin no sabía cómo codificar nada, de modo que no lo hizo. Y lo que ahora se ha convertido en un ejemplo del diseño *online,* al principio fue algo tan desconcertante que la gente no podía imaginar cómo utilizarlo.

Pero la página web de Google no es Google al completo. Google es un gran despliegue de códigos de ordenadores y algoritmos que permite a la empresa buscar en la red y mostrar los resultados. Tras una búsqueda en Google hay millones de líneas de códigos, y varios millones más tras Google mail, Google Chrome, Google anuncios.

Si pensamos en las cientos de maneras que hay de diseñar un página de búsqueda, podemos imaginar por un momento las maneras en que se escriben los códigos. Es como imaginar las maneras de escribir un libro, como imaginar las maneras de contar una historia a través de una pantalla de cine. Para Google, es una historia, pero escrita con ceros y unos.

Por ello hacer preguntas en el trabajo, en vez de dar órdenes, es tan valioso. Gran parte de los problemas modernos, reducir el colesterol de alguien, llenar un vuelo de pasajeros de manera eficiente, o buscar todo el conocimiento humano no tiene una única respuesta correcta, tiene todo tipo de respuestas, y muchas de ellas extraordinarias.

Para acceder a las posibilidades, uno tiene que descubrir qué ideas y reacciones hay en la mente de la gente. Hay que hacer preguntas.

¿Cómo ves este problema?

¿Qué estamos obviando?

¿Hay alguna otra manera de abordar esto?

¿Cómo resolveríamos esto si fuéramos los clientes?

Esto es así en el cine y en otros negocios. A mí me encantan las películas que hemos hecho, pero no producimos la versión «correcta» de los icónicos films *Apolo 13,* y *Una mente maravillosa.* Tenemos la versión de la historia que hemos hecho, la mejor versión, con el reparto, el equipo, el guion y el presupuesto que teníamos.

Tom Hanks, en *Apolo 13,* es la imagen del verdadero astronauta, Jim Lovell.

En la película *Una mente maravillosa,* Russell Crowe capta el espíritu, la lucha y la vida intelectual interior del matemático John Nash.

Ambos ejecutan brillantemente sus papeles. Pero está claro que ésas no son las únicas versiones que podían haberse hecho. ¿Y si no hubiéramos conseguido contratar a Hanks o a Crowe para esos papeles protagonistas? Hubiéramos contratado a otros actores, y toda la película habría sido diferente, aunque todos los demás actores y cada palabra del guion hubieran sido idénticas.

Anna Culp, vicepresidenta del departamento de producción cinematográfica de Imagine, lleva en la empresa dieciséis años, y empezó como mi ayudante.

«Para mí, las preguntas se han convertido en un hábito que acostumbro a utilizar. Siempre estoy preguntando: ¿Por qué estoy haciendo esto, esta película? Y si algo no funciona económicamente, si no es un éxito, puedes dar un paso atrás y decir: sigo estando orgullosa de lo que he hecho. Las desventajas de las preguntas son de alguna manera las mismas que las ventajas. Te preguntas si estás cumpliendo, y si lo estás haciendo correctamente, pues el jefe no te lo está diciendo. No sé cuantísimas veces he salido de mi despacho tras una reunión pensando: ¿estamos haciendo la película adecuada? ¿La estamos haciendo de la manera correcta? ¿Lo estoy consiguiendo? Esto no es una ciencia, es una labor creativa».

Anna lo tiene muy claro, y este tipo de «gestión de la curiosidad» se contagia al modo en que la gente piensa de su trabajo, y al enfoque de su tarea diaria. Las preguntas originan tanta autoridad a la gente que aporta ideas y emprende acciones como responsabilidad para poner las cosas en marcha.

Las preguntas crean espacio para todo tipo de ideas e incentivan ponerlas en marcha. Y, lo más importante, las preguntas dan un mensaje muy claro: estamos deseosos de escucharte, aunque aportes ideas, sugerencias o problemas que no esperábamos.

Si bien las preguntas son valiosas cuando eres jefe, creo que son igualmente importantes en todas las otras direcciones del lugar de trabajo. La gente debería preguntar también a los jefes. Yo aprecio que me hagan el tipo de preguntas abiertas que yo suelo hacer.

¿Qué deseas?

¿Qué esperas?

¿Qué es lo más importante para ti?

Este tipo de preguntas permite al jefe tener claro las cosas que él *cree* que tiene claro pero que con frecuencia no es así.

En realidad, la gente de cualquier nivel laboral debería hacerse preguntas, eso es algo que en nuestra empresa nos ayuda a romper las barreras entre las diferentes funciones de los diferentes puestos de trabajo, y además ayuda a acabar con la idea de que la jerarquía laboral determina el hecho de tener buenas ideas.

Que la gente de Imagine me haga preguntas me gusta por muchas razones, pero aquí tienes la más importante y poderosa: si me hacen preguntas, casi siempre tienen que escuchar la respuesta.

Las personas están más abiertas a tener en cuenta un consejo o una instrucción directa si antes se les ha preguntado su opinión al respecto.

Imagine no es para nada un lugar de trabajo perfecto. Cumplimos con nuestra buena cuota de reuniones aburridas y sesiones de lluvias de ideas improductivas. Nos comunicamos mal, nos malinterpretamos, dejamos pasar por alto algunas oportunidades, y ponemos en marcha proyectos que no deberíamos haber ni siquiera arrancado.

Pero nadie tiene miedo de hacer una pregunta.

Nadie tiene miedo de responder a una pregunta.

Hacer de las preguntas una parte central de la gestión de los proyectos y de las personas es difícil. Yo lo hago de manera instintiva, tras años de utilizar las preguntas para atraer a la gente y como una inclinación natural a escuchar cómo se desarrollan los proyectos en vez de dar órdenes para que se lleven a cabo.

Creo que las preguntas son una herramienta de gestión infravalorada, y si no es tu manera normal de interactuar con los demás, hacerlo requiere un esfuerzo. Tienes que estar preparado para aceptar que al principio hacer preguntas ralentiza las cosas. Si deseas realmente saber qué es lo que piensa la gente, si realmente quieres que se responsabilice, si quieres tener una conversación sobre los problemas y las oportunidades, en vez de que acate órdenes, debes saber que todo ello requiere tiempo.

Es algo así como ser un corresponsal de tu propia empresa.

Al principio, si hacer preguntas no es tu estilo, la gente se sorprenderá un poco, de modo que la mejor manera de empezar es tomar un proyecto en particular y gestionarlo con preguntas. Si empiezas a utilizar las preguntas en la oficina, te darás cuenta de que al cabo de poco los beneficios son notables. La creatividad de la gente va floreciendo gradualmente, y acabas sabiendo mucho más de las personas con las que trabajas a diario, de cómo trabajan sus mentes, y sabiendo más del funcionamiento del trabajo en sí.

Lo más importante de este tipo de cultura es que no hay que dar rienda suelta a un montón de preguntas, como un policía o un abogado en un interrogatorio frente a un tribunal. No hacemos preguntas por el solo hecho de oírnos a nosotros mismos hacerlas.

Hay que tener en cuenta dos elementos claves en esto de las preguntas, el primero de ellos, el ambiente en torno a la pregunta. No puedes preguntar con un tono de voz o una expresión facial que indique que ya sabes la respuesta. Tampoco puedes preguntar con impaciencia, demostrando que no puedes esperar a hacer la siguiente pregunta.

Lo importante debe ser la respuesta, y tanto preguntas como respuestas tienen que dirigirse hacia un proyecto o una decisión.

Y tienes que escuchar atentamente la respuesta, tienes que tomártela seriamente, ya provenga de un compañero, de un jefe o de un subordinado. Si no te tomas en serio las respuestas, nadie tomará en serio tus preguntas.

Dicho de otro modo: las respuestas deben provenir de una genuina curiosidad, si no sientes curiosidad por escuchar la respuesta, cualquier pregunta hecha resulta cínica y deteriora la confianza y el compromiso.

❧ ❧

Uno de los héroes de mi infancia era Joan Salk, el médico y científico que supo crear la primera vacuna para prevenir la polio. Salk era una figura relevante.

Hoy día resulta difícil imaginar el miedo que provocaba la polio en los padres norteamericanos. La poliomielitis, una enfermedad devastadora, es una infección vírica que puede afectar al recubrimiento de la médula espinal, y en una época fue letal para la infancia; dejaba a los niños lisiados para siempre, o con una parálisis tan grave que tenían que pasar la vida dentro de una máquina llamada pulmón de acero. La polio era incurable e intratable, los niños, con rigidez y dolor agudo en el cuello, tenían que acudir de inmediato al hospital, y, en algunos casos, morían en pocas horas.

Y la polio es contagiosa, aunque no se sabe a ciencia cierta cómo se contagia durante el pico más agudo de la epidemia. Cuando la polio azotó Estados Unidos, los padres mantenían a sus hijos en casa, lejos de todas las aglomeraciones: no podían ir al cine, a campamentos de verano, a la playa o a la piscina.

En 1952, en año en que nací, hubo en Estados Unidos la epidemia de polio más grande de la historia: 58.000 personas cayeron enfermas, 3145 fallecieron a causa de ella y 21.260 sufrieron algún tipo de parálisis.[3]

En el mundo del espectáculo, el gran número de personas que sobrevivieron a la polio da una idea de lo extendida que estaba y lo peligrosa que era la enfermedad. Alan Alda tuvo la polio de niño, y también Mia Farrow, Mel Ferrer, Francis Ford Coppola, Donalds Sutherland, Johnny Weissmuller, Arthur C. Clarke –el escritor de ciencia ficción–, el gran editor de prensa Ben Bradlee y el violinista Itzhak Perlman, que aún necesitas aparatos y muletas para caminar.[4]

Jonas Salk era un virólogo resuelto, con una mente independiente, que desarrolló una vacuna para la polio cuando trabajaba en la University of Pittsburgh. La vacuna utilizaba partículas inactivas del virus de la polio para estimular el sistema inmunitario, de manera que quienes recibían dos dosis de la vacuna quedaban inmunizados frente a la infección.[5]

Cuando en 1955 se hizo pública la vacuna de Salk, éste se convirtió en un héroe nacional, y también mundial. Enseguida se establecieron programas de vacunación, y a finales de los años cincuenta tan sólo había unos cientos de casos de polio en todo el país. Cientos de miles de personas salvaron sus vidas de la enfermedad o de la muerte, todo el mundo pudo volver a vivir sin tener encima la sombra de la poliomielitis.[6]

El doctor Salk nació en 1914, tenía cuarenta años cuando se anunció la vacuna. Cuando decidí reunirme con él, estaba trabajando en un centro de investigaciones científicas llamado Salk Institute, del Departamento de Investigación Biológica de La Jolla, California, al norte de San Diego.

En aquel momento, Salk tenía cerca de setenta años y era difícil, por no decir imposible, llegar a él.

Estuve más de un año intentando llamar la atención de alguien de sus oficinas. Finalmente, descubrí que la ayudante de Salk era una mujer llamada Joan Abrahamson, que había sido premiada con el MacArthur Award, era lo que se llama un «genio becado».

Hablé con ella regularmente, sabía lo mucho que admiraba al doctor Salk y lo interesado que estaba en reunirme con él. Y sabía que el doctor Salk no era el típico científico despistado. A él le interesaban muchas cosas, y podría disfrutar aprendiendo cosas del mundo del cine.

En 1984, poco después del estreno de *Splash,* Joan me dijo que el doctor Salk iba a hablar en una reunión científica en el Beverly Wilshire Hotel, en Beverly Hills, y que si quería podía conocerle por la mañana, que él podría dedicarme algo de tiempo entre sesión y sesión.

No era lo más perfecto, desde luego, Ese tipo de reuniones suelen estar abarrotadas de gente, y acostumbraban a ser distraídas y ruidosas. Pero no dije que no. La mañana del encuentro me levanté un poco resfriado, estaba cansado, tenía la cabeza abotargada y la voz ronca.

Cuando llegué al Beverly Wilshire creo que tenía aspecto de enfermo, si no hubiera tenido aquel encuentro con Joan Salk habría dado media vuelta y me habría ido a casa.

Me encontré con Joan y con el doctor Salk. Era a última hora de la mañana, el doctor me miró con cierta preocupación y me dijo:

—¿Qué le pasa?

—Doctor Salk, esta mañana no me encuentro demasiado bien, me duele la cabeza, estoy un poco enfermo –le dije.

—Deje que le traiga un vaso de zumo de naranja –me respondió de inmediato. Y antes de que pudiera contestar nada, salió y regresó con un enorme vaso de zumo.

Eso fue mucho antes de que todos oyéramos que, según los investigadores, el zumo de naranja ayuda a recuperarse del resfriado cuando éste está en la primera fase. Me dijo: «Bébaselo, hará que le aumente el nivel de azúcar en sangre, enseguida se encontrará mejor».

Me bebí todo el vaso, tenía razón, funcionó.

Fue un primer encuentro sorprendente, el doctor Salk fue muy accesible, muy humano, muy perspicaz, no era el tipo de genio encerrado en su mundo. De hecho, se comportaba como un médico, enseguida se dio cuenta de que no me encontraba bien y quiso cuidarme.

Aquella mañana, nuestra conversación fue breve, no duró más de treinta minutos. El doctor Salk era un hombre delgado de constitución, muy amigable, muy comprometido, muy intelectual. Hablamos un poco sobre sus investigaciones en el Salk Institute (a finales de su carrera pasó mucho tiempo buscando una vacuna para el VIH), y sobre el impacto que tuvo en él salvar tantas vidas. Su actitud era extraordinariamente modesta.

El doctor Salk acabó invitándome a visitarle en el Salk Institute, cosa que hice, y después nos hicimos amigos. Se quedó intrigado con la idea de mis conversaciones mediante la curiosidad y me propuso una versión ampliada. Me sugirió que cada uno de nosotros invitara a un par de personas para una conversación de un día que tendría lugar en mi casa de Malibú. Así que nos reunimos seis personas en total, todos de disciplinas diferentes; pasamos un día en un ambiente relajado, compartiendo nuestros problemas, nuestras experiencias y nuestras preguntas. Fue una idea fabulosa y la llevamos a cabo.

El doctor Salk invitó a un especialista en robótica de Calecí y a Betty Edward, la profesora que escribió *Aprender a dibujar con el lado derecho del cerebro*. Yo llevé al director y productor Sydney Pollack –*Memorias de África y Tootsie*– y al productor Georges Lucas, el creador de *Star Wars* e *Indiana Jones;* y Georges llevó a Linda Ronstadt, la cantante, que en aquella época era su prometida.

Todo fue idea del doctor Salk. Era una persona curiosa, especialmente sentía curiosidad por saber cómo funcionaba la «mente mediática», qué era lo que pensaban Lucas y Pollack sobre el mundo y lo que habían creído, y sentía curiosidad sobre lo de contar historias. Fue muy relajante, sin pretensiones. No solucionamos los problemas del mundo, pero reunimos en una habitación a media docena de personas que difícilmente se hubieran encontrado.

Mi recuerdo más vivo de Jonas Salk fue el de aquellos primeros momentos en que nos conocimos, la conexión franca, sencilla, humana que hubo desde el primer momento. Aunque apenas me conocía, Salk se dio cuenta de que yo bajaba la vista y fue lo bastante considerado como para preguntarme por qué, e inmediatamente me ofreció su ayuda. Aquellos días, parece ser, era casi un *shock* que la gente preguntara cosas sobre ti y luego se detuviera para asimilar la respuesta.

La curiosidad crea empatía. Para cuidar de alguien uno tiene que preguntarse antes acerca de él o ella.

La curiosidad crea interés. También puede crear emoción.

Una buena primera cita está abarrotada de preguntas y respuestas, de la efervescencia de descubrir a alguien nuevo, o de aprender cómo se conecta contigo esa persona, o lo diferente que es de ti.

Pero lo que sucede meses o años después es que tu novio o novia, tú esposo o esposa te resulta muy familiar. Ésa es la belleza y la seguridad de una relación sólida e íntima: sientes que conoces a la persona, que puedes confiar en ella y en sus respuestas, que incluso puedes predecirlas.

Amas a esa persona, amas la versión de esa persona que guardas en tu mente y en tu corazón.

Pero la familiaridad es el enemigo de la curiosidad. Cuando se desvanece la curiosidad que sentimos por la persona amada, es cuando comienza a estropearse la conexión. Se estropea silenciosamente, de manera casi inapreciable. Cuando dejamos de hacer preguntas sinceras a la gente que nos rodea y, lo más importante, cuando dejamos realmente de escuchar las respuestas, es cuando empezamos a perder la conexión.

¿Qué tal hoy en la oficina, cariño?

Nada que contar, ¿y tú?

Imagina un momento a una pareja treintañera que ha puesto a los niños a dormir, son las nueve de la noche, están cansados, recogen la cocina o doblan la ropa, o se sientan en la sala de estar, o se preparan para meterse en la cama.

Piensan en las cosas ordinarias que ocupan su mente al final del día. ¿Hice las invitaciones para la fiesta de cumpleaños? ¿Cómo trataré mañana con Sally la revisión del proyecto? Me pregunto por qué Tom está tan distante últimamente. ¡Otra vez me he olvidado de reservar los billetes de avión! La conversación entre la pareja es inconexa o puramente pragmática, tú lo haces, y yo lo hago también.

Quizás se trate del momento de cansancio y relajación de antes de meterse en la cama, pero si miramos la secuencia de conversaciones nocturnas de todo un mes, si miramos las de todo un año, veremos el modo en que la gente se va distanciando.

La familiaridad es cómoda, incluso reconfortante, pero en la pareja cada uno deja de sentir curiosidad por el otro: una curiosidad auténtica. No se hacen preguntas auténticas, no escuchan las respuestas.

Es un poco simplista, claro está, pero la manera más rápida de devolver la energía y el entusiasmo a las relaciones personales es volver a sentir curiosidad por el otro. Pregunta a tu pareja cómo le ha ido el día y pon atención a las respuestas. Pregunta a tus hijos acerca de sus amigos, sobre sus clases, sobre lo que más les gusta del colegio, y pon atención a las respuestas.

Haz las preguntas que harías en una primera cita: pregunta sobre sus sentimientos, sus reacciones.

¿Cómo te sientes si…?

¿Qué piensas de…?

Las que no funcionan son las clásicas preguntas: ¿Qué tal el trabajo hoy? ¿Qué tal el colegio?

Esas preguntas pueden tener un «bien» de respuesta, el 95 % de las veces. Es como si su pareja o tus hijos hubieran pasado ochos horas en el trabajo o en el colegio frente a una pared en blanco y después volvieran a casa.

Necesitas preguntas que no puedan ser contestadas con una sílaba.

¿Qué te dijo Sally de tus nuevas ideas acerca del producto que queréis lanzar?

¿Te lo pasas bien en la clase de historia de la señora Meyer?

¿Qué estás pensando para preparar la charla que vas a dar la semana que viene?

¿Quién va a hacer las pruebas para el musical de este año?

Podíamos hacer algo especial este fin de semana. ¿Qué te gustaría hacer el sábado por la tarde?

¿A cuántas parejas que caen en la desconexión y el aburrimiento les ayudaría sentir de nuevo curiosidad el uno por el otro? Necesitamos recordar a diario que aunque vivimos con una persona, no sabemos realmente cómo le va en su día a día a menos que se lo preguntemos.

No demos por sentado las relaciones personales con nuestros seres más cercanos. Damos por hecho que los conocemos muy bien, que sabemos lo que les sucede hoy, que sabemos lo que piensan.

Pero no es así. Parte de lo divertido de la curiosidad, y parte de su valor, es crear momentos de sorpresa.

Y antes del momento de sorpresa está el momento de respeto. La auténtica curiosidad requiere respeto: me importas tú, y me importa tu experiencia en el mundo, y quiero oírla.

Volviendo a Ron Howard, considero que le conozco también como a cualquier otro, y realmente confío en él profesional y personalmente, pero no supongo nunca que sé lo que le pasa, nunca supongo cuál va a ser su reacción frente a algo. Le pregunto.

Esa misma clase de respeto, de curiosidad y de sorpresa es tan potente en las relaciones íntimas como en el trabajo. En ese sentido, cada conversación puede ser una conversación basada en la curiosidad. Es un ejemplo más de que la curiosidad es fundamentalmente respetuosa: no estás simplemente haciendo preguntas a la persona a la que hablas, te estás interesando realmente en lo que tiene que decir, en sus puntos de vista, en sus experiencias.

En el trabajo, puedes dirigir a la gente hablando con ella, pero eso no es suficiente para hacerlo bien. Para ser un buen gestor, necesitas comprender a la gente que trabaja contigo, pero si eres el único que habla no los vas a entender. Y si no entiendes a la gente con la que trabajas, ciertamente no los vas a motivar.

En casa, puedes estar en la misma habitación que tu pareja o que tus hijos, pero no conectarás con ellos a menos que les preguntes sobre sus cosas y escuches lo que te cuentan. La curiosidad es la puerta que abre esas relaciones, y las reabre. La curiosidad te ayuda a no estar solo.

Y, por cierto, me encanta la gente que siente curiosidad por mí. Me encanta que la gente me haga preguntas interesantes, me gusta mantener una buena conversación, y me gusta contar historias. Ser objeto de la curiosidad es casi tan divertido como ser curioso.

La curiosidad no se basa necesariamente en conseguir algo, en dirigirse hacia un determinado objetivo. A veces se trata tan sólo de conectar con la gente. Es decir, la curiosidad puede tratar de mantener la intimidad, no se trata de un objetivo, se trata de la felicidad.

ల ల

Tu AMOR POR ALGUIEN, puede, obviamente, avivar tu curiosidad por él.

Riley, mi hijo mayor, nació en 1986. Cuando tenía tres años y medio, nos dimos cuenta de que había algo diferente en su sistema nervioso, en su carácter, en sus respuestas. Corki, la madre, mi esposa en aquel entonces, y yo pasamos muchos años intentando comprender el modo en que se estaba desarrollando el niño, pero hasta los siete años no le diagnosticaron el síndrome de Asperger.

Era principios de los noventa y en aquella época el tratamiento del Asperger era aún más incierto de lo que es hoy. Riley era un niño feliz, socialmente centrado. Nosotros queríamos que pudiera conectarse con el mundo de la manera más constructiva posible.

Probamos diferentes estilos educativos, probamos unas gafas diferentes que cambiaran su visión. Probamos con el fármaco Ritalin, aunque durante poco tiempo. Dar a Riley la ayuda que necesita ha representado un viaje constante, para él, para su madre y para mí.

A medida que Riley crecía, empecé a pensar en las enfermedades mentales y en el estigma que representaban. Yo mismo había sobrevivido a ello debido a mi discapacidad lectora. Riley es una persona amable y encantadora, pero si no comprendes cómo es el mundo para él, te puede desconcertar. Yo quería hacer una película que abordara el tema de las enfermedades mentales, que ayudara a desestigmatizarlas. Siempre estaba buscando alguna idea al respecto.

En la primavera de 1998, Graydon Carter, el editor de *Vanity Fair,* me llamó y me dijo que tenía que leer un artículo del número de junio de la revista, un resumen del libro de Sylvia Nasar *Una mente mara-*

villosa, la historia de un matemático del MIT (Instituto Tecnológico de Massachusetts) que había ganado un premio Nobel aunque estaba afectado por una devastadora esquizofrenia. El artículo era fascinante, hablaba de la historia de un genio brillante y esquizofrénico a la vez, de sus logros, de la enfermedad mental y de la superación del estigma, y todo ello en la vida real de un hombre. Mientras leía las páginas del *Vanity Fair* pensaba en mi hijo Riley.

Y de inmediato supe dos cosas: deseaba hacer una película de *Una mente maravillosa* y de la vida del matemático galardonado con un Nobel y aquejado de esquizofrenia; y deseaba que fuera una película que llegara a la gente y le hiciera cambiar de actitud, incluso de comportamiento hacia la gente que es diferente, minusválida o con una enfermedad mental.

Parte de la fuerza de *Una mente maravillosa* radica en su extraordinario enfoque: no sólo es difícil para los que no son relacionarse con quien es diferente, es difícil para el enfermo mental relacionarse con los demás. La persona lucha por comprender cómo funciona el mundo y lucha por comprender las respuestas de la gente hacia ella.

Para conseguir los derechos para hacer la película se hizo una subasta, y en ella me senté a hablar con Sylvia Nasar y también con el propio John Nash y su mujer, Alicia. Me emocionaron. El modo en que lo hicimos se debió directamente a mis propias experiencias, y el modo en que lo hicimos dio lugar, según yo, a una extraordinaria y valiosa película. Mi curiosidad y mi determinación a ayudar a Riley me condujeron a *Una mente maravillosa.* Y mi experiencia como padre de Riley y de ver cómo experimenta el mundo nos lleva a un tratamiento totalmente original de la enfermedad mental.

Una mente maravillosa es indudablemente la película más gratificante que he hecho nunca.

CAPÍTULO SEIS

El buen gusto y el poder
de la anticuriosidad

··

Si no somos capaces de hacer preguntas escépticas, de interrogar a quienes nos dicen que algo es absolutamente cierto, de ser escépticos con quien tiene autoridad, estaremos a merced de cualquier charlatán –político o religioso– que aparezca en el camino.

CARL SAGAN[1]

LAS PELÍCULAS QUE HEMOS hecho en Imagine contemplan una gran variedad de ambientes, historias y estilos.

Hicimos una película sobre la consecución del sueño americano, el protagonista era un hombre afroamericano semianalfabeto que intentaba hacerse un sitio en el tráfico de heroína en la ciudad de Nueva York de los años setenta. La película *American Gangster* habla también de los valores del capitalismo norteamericano.

Hicimos una película sobre la fuerza y la pasión del futbol americano universitario en el Texas rural. Es una película que cuenta cómo los muchachos crecen a la vez que descubren quiénes son realmente; habla del trabajo en equipo, de la comunidad y de la identidad; y también habla de la decepción, pues en pleno clímax de *Luces del viernes,* el equipo de los Permian High School Panthers pierden el partido más importante.

Hicimos una película llamada *8 millas* sobre un artista del hip hop, un cantante blanco.

Hicimos una película sobre la película pornográfica *Garganta profunda* y del enorme impacto que tuvo en nuestra cultura.

Hicimos una película sobre un premio Nobel –un matemático–, pero de lo que en realidad habla *Una mente maravillosa* es de la enfermedad mental, de la esquizofrenia y de cómo intentar de todos modos estar en el mundo.

Hay dos cuestiones ciertas en todas esas películas.

La primera es que todas hablan de desarrollar el carácter, de descubrir las debilidades y las fortalezas, y de superar las heridas emocionales para convertirse en una persona completa. A mi entender, el sueño americano consiste en superar obstáculos: las circunstancias del nacimiento, de una educación limitada, de la manera que los demás nos perciben, de lo que uno tiene en la cabeza. Superar obstáculos es en sí mismo un tipo de arte, de manera que si las películas que hago tienen un tema en común, éste es el de cómo convertir los propios límites en éxitos.

La segunda cuestión es que en Hollywood nadie quería hacer ninguna de ellas.

He contado el modo de utilizar la curiosidad para superar el «no» tan común en Hollywood y en el mundo del trabajo en general. La primera reacción frente a la mayoría de las ideas que salen un poco de la corriente establecida es la inquietud, y la primera reacción frente a la inquietud es decir «no».

¿Por qué alabamos a un traficante de heroína?[2]

¿No debería el equipo de fútbol haber ganado aquel gran partido?

¿Quién quiere ver toda una película sobre la lucha de un cantante de hip hop blanco?

Según mi parecer, la curiosidad ayuda a encontrar ideas osadas, diferentes e interesantes. La curiosidad aporta una amplia gama de experiencias y comprensión de la cultura popular que me hace intuir cuándo algo nuevo puede surgir. Y la curiosidad me da valor, el valor de confiar en ideas interesantes, por mucho que no sean ideas populares.

A veces uno no quiere tan sólo atraer la multitud hacia algo convencional, desea crear la multitud para llevarla a lo no convencional.

Me gustan los proyectos con alma: historias y personajes con corazón. Me gusta creer en algo. Me gusta la idea de la iconoclasia popular: trabajar en el filo pero sin sobrepasarlo.

Eso sucede cuando me tropiezo con algo muy importante y muy inconformista, me muevo en los límites de la curiosidad.

A veces se necesita la anticuriosidad. Cuando tengo una idea me gusta que no sea convencional, finalmente tengo que decir: «Estoy en ello».

No me digas por qué es una mala idea: estoy en ello, la hago. Eso es la anticuriosidad.

La anticuriosidad no es tan sólo la determinación de hacerse con una idea interesante y llevarla a término enfrentándose al escepticismo y al rechazo. La anticuriosidad es algo mucho más específico e importante. Se trata del momento en que literalmente deja de lado la curiosidad, cuando se resiste a saber más, cuando puede decir a la gente: No, vale, está bien, no me des más razones para justificar tu no.

Eso es lo que quiero decir. Cuando estás creando una estructura financiera y un reparto que respalde a una película, ya por tu cuenta has creado mentalmente el argumentario. Le has dado vueltas y más vueltas al porqué del interés de la historia, al porqué es bueno el argumento, por qué las personas que has elegido encajan bien con la historia y con el guion.

En Hollywood todo el mundo sabe crear un buen argumentario, eso es algo que todos hacemos a diario, cualquier productor o director de éxito es un buen argumentador.

Pensarás que cuando alguien me dice «no», de inmediato siento curiosidad del porqué de ese «no». Puede que se haya fijado en algo insignificante, algo que se pueda arreglar fácilmente. Es posible que cuatro personas seguidas hagan la misma crítica, me den la misma razón para decir «no», y ¿por qué no tenerlo en cuenta? Quizás tras oír por qué la idea no consigue apoyo –como un político consecuente tras enterarse de los sondeos–, cambie de opinión.

Pero la cosa no funciona así. Finalmente acabas transformando una historia interesante, poco convencional, en una bien diferente que se adecúe a una concepción popular.

Cuando alguien me dice que no, casi siempre sucede eso. Yo no quiero que desplieguen una interminable y persuasiva argumentación acerca de por qué consideran que mi idea no es buena, o no es adecuada para ellos, o podría ser mejor si yo la configurara de nuevo.

Declino todo ello porque me preocupa que me hagan desistir de algo en lo que realmente creo. Me preocupa que me convenzan de hacer algo en lo que no creo sólo porque alguien inteligente y persuasivo se siente frente a mí y defienda bien su argumentario.

Si me he formado una opinión acerca de algo tan importante como una película que podemos hacer; si ya le he dedicado mucho tiempo, mucho dinero y mucha curiosidad, no quiero más información al respecto. No deseo intentar «recontextualizar» una decisión artística que yo he creado.

Gracias de todos modos, pero no quiero vuestras críticas, pues hay otra cosa que tengo por seguro: no sabéis lo que es una buena idea.

Al menos no sabéis más que yo lo que es una buena idea. En Hollywood nadie sabe realmente qué es una buena idea hasta que la película llega a las pantallas. Sólo sabemos si es una *buena* idea una vez se ha realizado.

Y eso no tiene que ver con el éxito. Nosotros, en Imagine, hemos hecho películas que han tenido éxito, pero no necesariamente eran excelentes películas. Y lo que es más importante: hemos hecho algunas extraordinarias películas que no han tenido un gran éxito en las taquillas: *Pasión y gloria, La historia de James Brown, Frost contra Nixon, The Doors.*

De antemano, mi pasión sobre lo que considero una buena idea, una idea interesante, es tan válida como la decisión de alguien de que no lo es. Pero la certeza de que algo es una idea que merece la pena es muy frágil. Mantenerla requiere energía, determinación y optimismo. No quiero que la negatividad de otra gente se instale en mi pensamiento y socave mi confianza. No necesito escuchar una retahíla de críticas, ya sean sinceras o no. Cuando intentas hacer una película, cuando construyes el armazón, es que has pasado meses y meses trabajando en ello y necesitas desarrollar una especie de invulnerabilidad para llevarla a cabo y defenderla.

Esto es lo que pasa cuando empiezo a pensar en la gente que quiero que se una a nuestro proyecto. Envío el guion, envío toda la información precisa: yo soy el productor, Ron Howard es el director, aquí está el presupuesto, aquí tenéis el reparto. Poco después, telefoneo. Me dicen: «Vamos a pasar».

Yo digo: «¿Pasáis, de verdad? ¿Estáis *realmente* seguros? Bien, de acuerdo, muchas gracias. Gracias por haber leído la propuesta».

Si considero que estoy hablando con la gente adecuada, si creo que están equivocados, entonces puede que diga: «¡No podéis negaros! ¡Tenéis que aceptarlo!».

Es así. No hay curiosidad, se levanta el muro. Anticuriosidad.

No acepto ninguna duda sobre el reparto cuando ellos han empleado una hora en leer el proyecto y yo llevo ya tres años pensando en él. Si me dicen que no, necesito toda mi determinación y mi confianza para agarrar la idea y llevarla a otra persona que tenga mi mismo nivel de pasión y entusiasmo. No se saca nada de intentar asimilar y neutralizar las críticas de otra persona.

Ha habido momentos en que he ido un poco demasiado rápido con mi anticuriosidad. Ron Howard y yo hicimos de Imagine Entertainment una empresa de capital abierto en 1986,[3] pensamos que sería una manera innovadora de gestionar una empresa creativa. Pero ese tipo de empresas son mucho más complicadas de dirigir, y eso es así sobre todo en el negocio del cine y de la televisión.

Estábamos descapitalizados, nos sentíamos especialmente incómodos con toda la normativa de las empresas con capital abierto, con lo que teníamos que declarar, con lo que podíamos contar y lo que no podíamos contar. Al cabo de siete años, volvimos a vender la empresa a los accionistas. Antes de ser una empresa de capital abierto no habíamos sido suficientemente curiosos sobre lo que una empresa sí requeriría de nosotros.

En cuanto a películas se refiere, hay un caso realmente memorable en el que yo no debería haber dejado de lado mi curiosidad, fue la estrafalaria *Cry-Baby* de 1990. Me llegó el guion de manos del director John Waters. Lo leí y me atrajo.

Había viso *Hairspray*, escrita y dirigida por Waters, y me había encantado. Pensé que *Cry-Baby* sería un bum, un éxito inesperado, como *Grease,* y dije que sí. Teníamos un reparto extraordinario para trabajar con John Waters: Johnny Depp como protagonista, y también a Willem Dafoe, Patty Hearst, Troy Donahue, Joey Heatherton, Iggy Pop, Traci Lords.

Me encantaba trabajar con John Waters, me encantaba trabajar con Johnny Depp, pero he aquí lo que no hice: no me paré a ver las películas que John Waters había hecho. Una pareja me dijo: antes de pagar a Waters para que te dirija una película ponte a ver un montón de las películas que ha dirigido. No es exactamente un director corriente, me dijeron, al menos, antes de dar luz verde a *Cry-Baby*, mira *Pink Flamingoes,* que es bastante enervante.

No hice nada de eso. No quería cargar con todas esas dudas. Había decidido que iba a ser lo suficientemente curioso, lo bastante curioso como para ver qué pasaba con esta película de John Waters.

Cry-Baby fue un fracaso en las taquillas. La lección fue muy clara: tendría que haber visto las anteriores películas de John Waters. Tendría que haber visto *Pink Flamingoes.* Estaba entusiasmado y no quise replantearme mi intuición.

¿Cómo sabe uno entonces cuándo no ser curioso? Parece más difícil de lo que realmente es. La curiosidad es casi siempre energizante, motivadora. Te lleva a lugares donde no has estado antes, te presenta a gente que nunca antes has conocido, te enseña cosas nuevas de gente que ya conocías.

A veces la curiosidad te lleva a lugares muy desagradable o dolorosos, pero importantes. Es difícil leer cosas sobre el maltrato infantil, es difícil leer cosas sobre la guerra, es difícil escuchar las experiencias terribles de gente a la que quieres. Pero en todos esos casos, uno tiene la obligación de aprender, de escuchar, de comprender.

A veces hay que escuchar a gente que nos critica: un jefe inteligente debe saber aconsejar sobre cómo ser más eficaz en el trabajo, cómo escribir mejor, o cómo ser más persuasivo. Un buen compañero puede decirte que te saboteas a ti mismo, o que menosprecias tu trabajo, o que dañas relaciones que deberías cuidar.

En esos ejemplos hay cosas constructivas que provienen de la curiosidad, de escuchar, aunque la conversación en sí pueda ser desagradable.

Sabes que debes dejar la curiosidad cuando los resultados son opuestos a lo que necesitas, cuando minan tus fuerzas, merman tu entusiasmo, socaban tu confianza. Cuando recibes una crítica aunque no en forma de ideas útiles, es el momento de probar un poco de la anticuriosidad.

෫ ෫

ADMITO QUE NO SÉ exactamente de dónde provienen las ideas interesantes. Pero sé que en general provienen de combinar experiencias, informaciones y perspectivas, y después estar alerta sobre algo que sea inusual, revelador o nuevo. Pero no es importante saber de dónde vienen las buenas ideas, lo importante es reconocer que lo que piensas es una idea interesante cuando la ves.

Eso, por supuesto, representa un problema, pues como he dicho en Hollywood, nadie sabe lo que es una buena idea hasta que la ve ya elaborada. Pero yo sé lo que creo que es una buena idea, una idea interesante, nada más verla.

Una serie de televisión que gira en torno a la captura de un terrorista, mientras el chico bueno va contra reloj. Una idea interesante.

Una película sobre un hombre, muy inteligente y también muy extraño, llega para poner a punto al FBI y lo hace durante 40 años, y da forma a la lucha contra la delincuencia y a la propia Norteamérica. Eso es una idea interesante.

Jim Carrey es un abogado que durante 24 horas no puede decir ni una sola mentira. Eso es una idea interesante.

Tom Hanks es un profesor de la universidad de Harvard que necesita encontrar el sagrado grial para librarse de diversos cargos de asesinato, y en ese proceso descubre los secretos ocultos de la Iglesia católica. Ésa es una idea interesante.

Todas esas ideas funcionaron extraordinariamente bien, pensé que eran buenas ideas, pusimos un equipo a trabajar detrás de cada una de ellas y ese equipo hizo buenas películas y buenas series de televisión.

También hemos tenido ideas interesantes que no han funcionado así de bien. ¿Qué decir de un acabado Russell Crowe, un boxeador de los años veinte, que vuelve al *ring* y llega a ser campeón del mundo?

Esa película era *Cinderella Man* y no alcanzó demasiado éxito entre los aficionados al cine, pero es una buena película.

¿Y la película sobre las cuatro entrevistas que David Frost hizo al presidente Nixon? No fue tampoco un éxito entre los cinéfilos, pero es una buena película que recibió cinco nominaciones a los Premios Óscar y cinco nominaciones a los Golden Globe.

Esas películas y series televisivas pueden gustarte o no, lo importante es que yo creí que eran buenas ideas que valía la pena desarrollar, las reconocí como interesantes. Trabajé apasionadamente para desarrollar cada una de ellas. No pensaban simplemente que eran ideas interesantes, lo creía, y actué como si lo fueran.

¿Y cómo supe que valían la pena? Es una cuestión de gustos.

En mi opinión eran buenas ideas, pero mi opinión sobre una película o una serie de televisión no es la misma que la de la persona que compra una entrada y unas cuantas palomitas para ver *Mentiroso compulsivo* o *Cinderella Man*.

Mi «opinión» acerca de la narración de historias se basa en años de experiencia, de escuchar a la gente hablar de películas, de leer sus opiniones, de leer guiones, de ver lo que sucede entre una idea, un guion y una pantalla. Mi opinión se basa en la comprensión –siempre el trabajo necesario para crear películas y series de televisión de calidad– y en intentar comprender por qué a veces la calidad importa en términos de popularidad y otras veces no.

Mi opinión se basa en algo que la gente que no está en el mundillo del cine no ve nunca, todo a lo que digo «no», pues yo digo no tanto como cualquier otro. Las películas que no hemos hecho son tan importantes como medida de gustos como las que hacemos. Intentamos hacer películas que nos gusten, como intento dejar claro en la conversación que tenemos sobre una película taquillera. Intentamos hacer películas con buen gusto.

Sé que tengo buen gusto para las películas, pero está claro que es mi propio sentido del gusto. Steven Spielberg tiene un buen sentido del gusto para las películas, Jim Cameron tiene un buen sentido del gusto para las películas, pero sus películas no tienen nada que ver con las nuestras.

Si tienes buen gusto, hay tres cosas seguras. La primera es que tienes capacidad para juzgar la calidad de una cosa, ya sea música, arte, arquitectura, gastronomía, películas o libros. La segunda es que tu sentido de si algo es valioso o no es individual, ofreces una perspectiva de tus juicios. Y la tercera es que hay algo universal en tus juicios, tu gusto puede ser apreciado por gente que no tiene tu experiencia, cuyo sentido del gusto no está tan desarrollado como el tuyo. Tus gustos están educados, tienen algo de personalidad y también cierta medida de sentido común.

De hecho, el gusto es eso: una opinión educada y experimentada que uno puede articular, algo con lo que los demás pueden estar de acuerdo o disentir.

Lo que considero una buena idea proviene de aplicar mis cuarenta años de experiencia, mis gustos, a las ideas que me salen al paso. Es ciertamente algo más complicado que eso: puedo considerar una buena idea algo que no es comercialmente viable; o puedo elegir un proyecto ocasional que es gracioso, que no se ajusta demasiado a mis criterios, pero que es muy entretenido.

De modo que para encontrar ideas interesantes, para tener buenas ideas, la mayoría necesitamos sentir curiosidad; y para reconocer esas ideas con total confianza necesitamos buen gusto.

Y para desarrollar ese sentido del gusto, de estilo personal y de criterio con experiencia, se necesita también curiosidad.

De ahí es de donde proviene en gran parte mi sentido del gusto: de la curiosidad y de la experiencia.

Si has escuchado tan sólo una canción de los Rolling Stones «Gimme Shelter», pongamos por caso, no se puede decir que tengas un sentido musical bien desarrollado. Si tu experiencia con el arte se basa en conocer tan sólo a Andrew Wyeth, no tienes un desarrollado sentido artístico.

Puedes decir: ah, esa canción me gusta realmente; o: esos cuadros de Andrew Wyeth me dejan frío, pero eso no es gusto, es una opinión.

Desarrollar un sentido del gusto significa enfrentarte a una amplia variedad de algo: de música, de arte, y no limitarte a mirar o escuchar, sino dedicarte a hacer preguntas. ¿Por qué se considera que Andy Warhol es un gran artista? ¿Qué piensa la gente de su arte, gente con un concepto artístico bien desarrollado? ¿Qué otro tipo de arte se producía en su época? ¿Cuáles son sus mejores obras? ¿Quién considera que es un gran artista? ¿A qué otros artistas influyó Warhol? ¿En qué otros ámbitos artísticos influyó Warhol?

Está claro que ayuda que te guste aquello a lo que estás prestando atención, pues desarrollar un sentido del gusto requiere compromiso. No tiene sentido desarrollar un sentido del gusto sobre el hip hop si realmente no te gusta escuchar esa música; y lo mismo sucede con la ópera.

La cuestión de toda esa curiosidad no es convencerte de que tienes la misma opinión sobre Andy Warhol que cualquier otro, se trata de crear una estructura para comprender su obra. Tendrás entonces tu propia opinión, puedes pensar: entiendo la importancia de la obra de Andy Warhol, pero no me gusta, no es mi estilo.

Y otra cuestión sobre la curiosidad es no convertir algo divertido –como es la música–, en un trabajo. Todos conocemos gente que está totalmente absorbida por la música moderna, gente que se conoce a todos los grupos nuevos, todos los nuevos estilos, quién produce a cada cual y quién los influye. Esos aficionados hacen las grandes listas de reproducción, y lo hacen porque adoran la música. Su curiosidad fluye de un modo tan natural que es una pasión.

El gusto es opinión, una opinión encuadrada en el contexto de lo que estás juzgando, y el gusto da confianza a la hora de juzgar, da la confianza para comprender más lo que simplemente te gusta: comprendes lo que es bueno y lo que no lo es. Es lo que hace que puedas juzgar algo nuevo. Te hace capaz de preguntar y responder a la cuestión «¿Es esto una buena idea?».

En mi caso, los cientos de conversaciones basadas en la curiosidad que he mantenido son la base para desarrollar un sentido del gusto sobre música, arte, arquitectura y cultura popular en general. Me proporcionan un filtro para valorar lo que me sale al paso, ya sea una idea para una película, una conversación sobre el desarrollo de la física cuántica o sobre música electrónica. No creo que me proporcione un filtro «mejor», pero sí un filtro con más información. Siempre hablo con gente con gran experiencia y un gusto bien desarrollado sobre las cosas que me interesan. Esa curiosidad me proporciona confianza para contar con una opinión propia.

Hay una pequeña salvedad en cuanto a utilizar la curiosidad para desarrollar un buen gusto. No todo el mundo consigue un sentido del gusto sobre arte, música o gastronomía gracias a su propia curiosidad y energía. Si has crecido en una familia en la que los padres se interesan por la ópera, que llenan la casa con música clásica, con arte moderno, poesía o alta cocina, es posible que seas un adulto con un desarrollado gusto en esas disciplinas. En la infancia, sobre todo, es posible desarrollar un gusto determinado basado en la inmersión. De hecho, ésa es la mejor manera de desarrollar un sentido del gusto, pero no todo el mundo tiene esa oportunidad, y ciertamente no es una oportunidad que uno pueda elegir.

La curiosidad te dota de la capacidad de hacer una exploración honesta y amplia de miras. Ésa es la calidad que tienen mis conversaciones hechas con curiosidad.

La curiosidad da también la capacidad de centrarse en la respuesta a una pregunta. Ésa es la calidad que muestra un detective policial determinado a resolver un asesinato. Ésa es la calidad de un médico resuelto a descubrir cuál es la enfermedad de un paciente con un montón de síntomas contradictorios.

Y la curiosidad nos aporta la habilidad de relacionarnos mejor con la gente y trabajar y gestionar mejor con ella en el campo profesional. Ésa es la calidad que tienen mis preguntas en nuestro lugar de trabajo. Yo no tengo conversaciones abiertas de miras con Anna Culp o nuestros ejecutivos de producción sobre el estado de nuestras películas en producción, pero tampoco me dedico a las respuestas específicas con el celo incansable de un detective policial. Ese tipo de conversaciones son de un tipo de curiosidad responsable: abiertas a escuchar lo que está sucediendo, pero haciendo preguntas con un objetivo específico en mente.

Considero que desarrollar un sentido del gusto sobre algo, o, en términos más generales, un sentido de juicio, cae en una tercera categoría de curiosidad. Se trata de ser curioso, pero teniendo propósito u objetivo en mente. No pregunto sobre el progreso de nuestras películas, pues me interesa vagamente cómo van las cosas. Mi tarea es hacer que las cosas sigan el objetivo marcado para las películas: que se hagan bien, que se cumpla el presupuesto, que se cumpla el tiempo fijado. Lo hago a la vez que defiero a mi colega Culp juicio y autonomía, pero ambos sabemos que aunque le hago preguntas, las utilizo para mantener su responsabilidad y también la de la propia película.

El gusto funciona del mismo modo. Tomas tu experiencia, tu juicio y tus preferencias y lo aplicas con apertura de mente, pero también con algo de escepticismo hacia todo lo que aparezca en tu camino: ideas, canciones, comidas y trabajo de actores. Usas el gusto y la curiosidad escéptica para preguntar: ¿qué calidad tiene esto que estoy poniendo en consideración con mis preguntas? ¿Cómo es de ameno? ¿Cómo encaja en lo que yo ya sé?

Tu buen gusto puede descubrirte cosas emocionantes, puede librarte de la mediocridad, pero es escéptico. Utilizar tu propio juicio implica siempre levantar una ceja, empezar con un interrogante: ¿cómo es de interesante, original, de bueno, dado todo lo demás que sé?

La curiosidad tiene otra cualidad que todavía no hemos tocado, es la excelencia a la que el astrónomo y escritor Carl Sagan se refieren en la cita que encabeza este capítulo: el valor de la curiosidad a la hora de gestionar nuestra vida pública, nuestra democracia.

La democracia requiere responsabilidad. En realidad, la responsabilidad es el punto fundamental de la democracia: comprender qué es lo que la comunidad necesita, discutirlo, sopesar las opiniones, tomar decisiones y después determinar si esas decisiones han sido correctas y hacer que las personas que las han tomado se responsabilicen de ellas.

Por ello tenemos una prensa libre: para hacer preguntas. Por eso tenemos elecciones: para preguntar si deseamos seguir con la misma gente que está en los cargos públicos. Por ello las actas de la Casa Blanca y del Senado y las Cortes están abiertas a todo el mundo, pues son las reuniones de todos los ayuntamientos de todas las ciudades, de las comisiones del condado y del comité educativo de la nación. Por ello en Estados Unidos tenemos tres ramas de gobierno, para crear un sistema de corresponsabilidad entre el Congreso, la Presidencia y las Cortes.

En una sociedad tan complicada como la nuestra, a veces externalizamos esa responsabilidad. Dejamos que la prensa haga las preguntas (y después criticamos a la prensa por no hacer las preguntas convenientes). Dejamos que el Congreso haga preguntas (y después criticamos al Congreso por ser demasiado tímido o demasiado destructivo). Dejamos que los activistas hagan preguntas (y después los criticamos por ser demasiado partidistas).

En última instancia, la responsabilidad tiene que venir de los ciudadanos. Necesitamos sentir curiosidad por cómo funciona el Gobierno, ya se trate de la universidad local o del sistema sanitario, de la Nasa o de las finanzas de la seguridad social. ¿Qué está haciendo supuestamente el Gobierno? ¿Está haciendo aquello? Y si no, ¿por qué no lo hace? ¿Quién es el responsable ¿Tenemos alguna manera de exigirles que hagan lo que tienen que hacer o de despedirlos?

El modo en que está diseñado el Gobierno norteamericano supone que seamos curiosos. No está formado basándose en el escepticismo –eso tiene que salir de nosotros mismos–, pero sí en la oportunidad de dar cabida al escepticismo.

La curiosidad tiene tanta fuerza en el sector público como en el privado, por ejemplo, en el trabajo. El hecho en sí de mostrarse y de poder preguntar al Gobierno local, es un recordatorio de que el Gobierno tiene una responsabilidad respecto a nosotros los ciudadanos, y eso es incuestionable. Las preguntas comunican autoridad y un sentido de valor propio, ya estemos frente al atril de una reunión escolar, levantemos la mano para votar una candidatura o estemos viendo la Cámara de los Representantes en el canal de televisión estatal C-Span.

La relación entre la curiosidad personal de la que hemos estado hablando y esta curiosidad pública es muy sencilla: se trata de la costumbre de preguntar, de recordarnos constantemente la importancia de hacer preguntas, y de nuestro derecho a hacer preguntas.

En realidad, no es que la democracia permita la curiosidad, es que sin curiosidad eso no sería democracia.

Y también es cierto lo contrario. La democracia resulta ser una estructura social que da rienda suelta a nuestra curiosidad en todos los escenarios.

CAPÍTULO SIETE

La Edad de Oro de la curiosidad

··

Es posible que un día los hombres dejen de interesarse por lo desconocido, que ya no se sientan atraídos por lo misterioso. Eso es posible, pero cuando el hombre pierda la curiosidad, habrá perdido muchas otras cosas que lo hacen humano.

ARTHUR C. CLARKE[1]

UNA TARDE ÍBAMOS EN EL COCHE con las ventanas abiertas. Era el año 1959, y yo tenía ocho años. Nos detuvimos en un semáforo y de repente apareció una abeja zumbando arriba y abajo, saliendo y entrando por las ventanas. No quería que me picara. No podía esperar a que cambiara el semáforo y a que el coche se pusiera en marcha de nuevo. Pero, de repente, me pregunté: ¿qué se mueve más rápidamente, una abeja o un coche? Quizás la abeja se las apañaría para quedarse dentro antes incluso de que mi madre saliera de aquel cruce.

Aquella tarde nos libramos de la abeja, pero yo me quedé atascado con la pregunta, ¿qué se mueve más rápidamente, una abeja o un coche? Intenté resolver la cuestión, pero no conseguí una respuesta satisfactoria. Con ocho años de edad en 1959, no podía hacer otra cosa con esa pregunta que recurrir a un adulto, así que hice lo que hacía con frecuencia: preguntar a mi abuela. Mi abuela era algo así como mi Google personal, no era tan omnisciente como parece ser Internet, pero era mucho más comprensible y alentadora.

A mi abuela le encantaban mis preguntas aunque no supiera las respuestas.[2]

Soy curioso desde que tengo memoria. Me consideré una persona curiosa antes de considerarme cualquier otra cosa. Ése fue mi primer rasgo de personalidad. Cincuenta años después, me considero una persona curiosa del mismo modo que algunas personas se consideran divertidas, inteligentes o sociables.

Para mí, ser curioso no sólo define mi personalidad, ni la manera en que me veo a mí mismo, sino que ha sido la clave de mi supervivencia y de mis éxitos. Es el modo en que superé mis problemas de lectura. Es el modo en que superé una carrera académica llena de altibajos. Es el modo en que acabé en el negocio del cine, es el modo en que llegué a entender el negocio del cine. Y la curiosidad es lo que creo que contribuye a distinguirme en Hollywood. Hago preguntas.

Las preguntas desatan ideas interesantes. Las preguntas crean relaciones de colaboración, y la red de conexiones trabajan juntas para crear confianza. Y las ideas interesantes, las relaciones colaboradoras y la red de conexiones trabajan siempre conjuntamente para crear confianza.

La curiosidad no es sólo una calidad de mi personalidad, es la clave de cómo enfoco mi vida, Considero que ha sido una gran diferenciación, y creo que es una de las razones por las que a la gente le gusta trabajar conmigo en un negocio en el que hay un montón de productores a los que elegir.

La curiosidad me aportó un sueño. Me ayudó literalmente a crear la vida que había imaginado tener cuanto tenía 23 años. En realidad, me ayudó a crear una vida mucho más innovadora, interesante y exitosa de la que había podido esperar a los 23 años.

Para mí, hacer este libro ha significado plantearme la curiosidad de una manera que nunca había hecho antes, y me ha revelado toda una serie de cualidades de la curiosidad que nunca antes me habían pasado por la imaginación. He intentado hacer de la curiosidad en sí un personaje del libro, pues está al alcance de todos. Mis historias buscan inspirar y entretener al lector, son mi propia experiencia de la curiosidad. Pero cada uno utiliza la curiosidad para conseguir las cosas que considera más importantes para él.

Ésa es la increíble manera en que la curiosidad es diferente de la inteligencia, la creatividad o incluso el liderazgo. Hay gente realmente inteligente, hay gente realmente creativa, hay gente con unas cualidades impresionantes para el liderazgo, aunque no toda la gente es así.

Pero uno puede ser tan curioso como desee, y no importa cuándo empiece a serlo. Tu curiosidad puede ayudarte a ser más inteligente y creativo, a ser más eficaz y también a ser mejor persona.

∽ ∽

UNA DE LAS COSAS que me encantan de la curiosidad es que es un instinto con muchas dualidades. La curiosidad tiene una cualidad muy yin y yang. Vale la pena estar atento a esas dualidades porque ayudan a ver la curiosidad con mayor claridad.

Así por ejemplo, uno puede dar rienda suelta a la curiosidad o ella puede darte rienda suelta a ti. Tú puedes decidir si necesitas ser curioso respecto a algo, pero una vez empiezas, la curiosidad te empuja.

Cuanto más limitas la curiosidad –cuanto más intrigas a la gente respecto a algo que va a llegar sin decirle el qué–, más haces que aumente la curiosidad. ¿Quién mató a JR? ¿Quién ganó el premio extra de la lotería?

Del mismo modo, puedes interesarte por algo relativamente intrascendente y, una vez lo sabes, satisfaces la curiosidad; una vez sabes quién ganó la lotería, tu instinto de curiosidad se desvanece por completo.

Puedes sentir curiosidad por algo específico, como saber si se mueve más rápido una abeja o un coche, algo sobre lo que obtendrás una respuesta definitiva. Eso puede desencadenar nuevas preguntas o no (¿cómo se las apaña una abeja para volar a 20 kilómetros por hora?). Pero puedes sentir curiosidad por cosas de las que nunca obtendrás respuesta: hay médicos, psicólogos, físicos, cosmólogos investigando temas de los que vamos sabiendo más y más, pero de los cuales, así y todo, nunca tendremos respuestas definitivas. Ese tipo de curiosidad puede mantenerte ocupado toda la vida.

Nada desencadena la curiosidad en el público como una buena historia. Nada a su vez inspira una historia como el resultado de la curiosidad.

La curiosidad puede convertirse fácilmente en un hábito, cuanto más la usas más naturalmente llega a ti. También puedes usarla activamente; siempre puedes «desencadenar» tu modo natural de hacer preguntas y decirte a ti mismo: esto es algo que necesito investigar. Esto es algo, o alguien, sobre lo que necesito averiguar más cosas.

La curiosidad parece un proceso «deconstructivo», cuando te atrapa realmente, encaja todas las piezas. Quizás has sentido hablar de partes sueltas, pero después consigues un panorama completo de algo que no habías entendido antes.

La curiosidad es una herramienta de compromiso con otras personas, pero es también una vía de independencia, independencia de pensamiento. Ayuda a crear colaboración, pero también aporta autonomía.

La curiosidad es extraordinariamente alentadora, no puedes dejar de utilizarla. En realidad, cuanto más curiosos eres hoy –ya sea sobre algo específico o general–, más proclive eres a ser curioso en el futuro. Con una excepción: la curiosidad no inspira más curiosidad sobre ella misma. Nos sentimos curiosos por todo tipo de cosas menos sobre el concepto de curiosidad.

Y, finalmente, vivimos en un momento que podría ser la «edad de oro de la curiosidad». Como individuos, en la actualidad tenemos acceso a más información y más rápida que nadie ha tenido nunca antes. Hay sitios que sacan provecho de ello de manera extraordinaria, empresas como las de Silicon Valley son un claro e instructivo ejemplo de ello. La energía y la creatividad de los empresarios proviene de hacer preguntas, preguntas como: ¿qué sigue ahora? ¿Por qué no podemos hacer esto de *esta* manera?

Y aun así, hoy día la curiosidad sigue estando absurdamente infravalorada.

En sitios bien estructurados podemos ver a profesores que enseñan a la gente el poder de la curiosidad que con frecuencia no se sienten respaldados. Como mucho es algo que resulta anecdótico. En muchos de esos lugares, la curiosidad no es ni siquiera tema de discusión.

Pero si cada uno de nosotros empieza a utilizar su propia curiosidad en el momento en que decida, eso ayudará a crear la edad de oro de la curiosidad en el pluralismo cultural. Podemos hacerlo de maneras muy sencillas, contestando a todas las preguntas que nuestros hijos nos hacen y ayudándoles a encontrar las respuestas que nosotros no tenemos. Podemos hacerlo con nuestras propias competencias; en el trabajo de múltiples y sencillas maneras: preguntándonos a nosotros mismos, negociando los temas de nuestros colegas con respeto y seriedad; dando la bienvenida a las preguntas de nuestros compradores y clientes y recibiéndolas como oportunidades, y no como interrupciones. La cosa está en no empezar acribillando a preguntas, rata-ta-tá-tá, como una metralleta. Lo importante es ir cambiando gradualmente, en nuestra familia, en nuestro lugar de trabajo, de ese modo el entorno es seguro para ser curioso. De ese modo haremos florecer la curiosidad y todos los beneficios que conlleva.

ॐ ॐ

Robert Hooke era un brillante científico inglés del siglo xvii que contribuyó a marcar el comienzo de las investigaciones científicas, haciendo que la gente pasara de las explicaciones religiosas sobre el funcionamiento del mundo a una comprensión científica.

Hooke fue un gran rival contemporáneo de Isaac Newton; hay quien compara la amplia gama de intereses y habilidades de Hooke con Leonardo da Vinci. Hooke contribuyó a los descubrimientos, avances y puntos de vista sobre física, astronomía, paleontología y biología. Vivió de 1643 a 1705, y si bien lleva muerto más de trescientos años, sus estudios han contribuido a la ingeniería de los modernos relojes, microscopios y coches. Hooke fue quien a través de un microscopio observó una delgadísima porción de corteza de árbol a través del visor[3] y utilizó por primera vez la palabra «célula» para describir esa básica unidad de la biología.

Esa amplitud de pericia y especialización sorprende enormemente hoy día, en una época en la que mucha gente, y también los científicos, está altamente especializada. Los tipos de descubrimientos y puntos de vista realizados por alguien como Hooke son emocionantes, pero lo que es realmente sorprendente es que científicos como él no revolucionaran la comprensión que tenemos del mundo, desde el movimiento de los planetas a la biología de nuestro cuerpo. Tenían que *ser* revolucionarios. Estuvieron luchando contra el desdén, las burlas y dos mil años de una estructura de poder que no sólo marcaba unos límites estrictos acerca de cómo cada miembro de la sociedad podía operar, sino también las preguntas que debía hacerse.

Cuando hablé con la especialista sobre la curiosidad Barbara Benedict me explicó: «Una de las cosas que hacía que los científicos del siglo XVII y XVIII fueran realmente extraordinarios es que realizaban preguntas que nunca antes habían sido formuladas. Hooke observaba su propia orina a través del microscopio. Fue un gran transgresor, nadie antes había pensado en la orina como un tema digno de investigar científicamente».

Benedict es una estudiosa de la literatura, profesora de literatura inglesa en el Trinity College de Connecticut, que quedó cautiva de la palabra «curiosidad» y del concepto cuando estudiaba la literatura del siglo XVIII. «Me encontraba con mucha frecuencia textos con la palabra «curiosidad», y eso me irritaba un poco –dice Benedict–, ¿qué pretende alguien cuando dice «el lector curioso»? ¿Se trata de un cumplido o no?».

Benedict estaba tan intrigada por la actitud hacia la curiosidad que finalmente se puso a escribir una historia cultural de la curiosidad en los siglos XVII y XVIII, un tratado al que llamó simplemente *Curiosidad.*

En realidad, dice Benedict, antes del renacimiento, el poder oficial, el tipo de poder que tenían reyes y reinas, junto a la organización de la sociedad y los límites de lo que uno podía preguntar, era todo una misma cosa. Todo estaba entrelazado.

Los que ostentaban el poder controlaban la información y también las armas. Los gobernantes controlaban la historia.

En ese sentido, la curiosidad era un pecado, era una trasgresión. ¿Se trataba de un «impulso ilegal», como describe Benedict en su libro?[4] La curiosidad, incluida la científica, era un desafío para la estructura de poder de la sociedad, empezando por los propios monarcas. Era un reto frente a dos milenios de «sabiduría»: «Yo soy el rey porque Dios dijo que yo fuera rey. Tú eres siervo porque Dios dijo que fueras siervo». Eso culminó en la revolución americana.

La curiosidad –el hacer preguntas–, no es tan sólo una manera de comprender el mundo, es una manera de cambiarlo. La gente en el poder siempre lo ha sabido, desde el Antiguo Testamento y los mitos de Grecia y Roma.

En algunos sitios, la curiosidad se considera hoy día casi tan peligrosa como lo era en 1649. El Gobierno chino censura y prohíbe Internet a una población de 1400 millones de habitantes, y casi la mitad de ellos tiene conexión *online*.[5]

Casi en todas partes la curiosidad sigue teniendo una pequeña aura de desafío e impertinencia. Piensa en lo que sucede cuando preguntas algo, puede que te contesten: ¡buena pregunta!, o puede que te digan: ¡qué pregunta más curiosa!

Con frecuencia, la persona que dice ¡buena pregunta! tiene ya la respuesta preparada, se trata de una buena pregunta en parte porque la persona sabe la respuesta. Es posible que realmente crea que es una buena pregunta, una que hace que les refresque una idea.

Por otra parte, la persona que dice ¡qué pregunta más curiosa! se siente desafiada, o bien no tiene una respuesta a mano o cree que la pregunta en sí constituye un desafío a su autoridad.

Por ello ¿cómo es que Internet no ha contribuido a ampliar la Edad de Oro de la curiosidad? No creo que las preguntas que tecleamos en el buscador de Internet pertenezcan a un tipo de curiosidad. Puedes preguntar: ¿qué vuela más rápido, un coche o una abeja? y encontrar una par de búsquedas útiles.

Pero Internet tiene el riesgo, como señala Barbara Benedict, de volverse una versión más global de lo establecido. Es tan sólo una versión de «máquina de respuestas».

A veces simplemente necesitas saber cuál es el PIB de Ucrania o cuántos mililitros tiene una pinta de cerveza. Siempre hemos contado con excelentes libros de consulta para cosas. Esos son meros datos.

Pero he aquí la pregunta crucial: ¿nos hace todo ese conocimiento humano disponible ser más o menos curiosos?

¿Cuándo lees cosas sobre la velocidad de las abejas te sientes impelido a aprender más sobre la aerodinámica de esos animales, o por el contrario te deja lo suficientemente satisfecho como para volver a Instagram?

Karl Marx dijo que la religión era «el opio del pueblo».[6] Quiso decir con eso que la religión estaba pensada para dar suficientes respuestas y evitar que la gente dejara de hacer preguntas.

Tenemos que ir con cuidado, de manera individual, para evitar que Internet nos sirva de anestesia, y no de inspiración.

Hay dos cosas que no puedes encontrar en Internet: del mismo modo que Robert Hooke tuvo dos cosas que no pudo encontrar en la Biblia o en las proclamas del rey Carlos I:

No puedes encontrar respuestas a cuestiones que no se hayan formulado antes.

Y uno no puede «googlear» una idea nueva, Internet sólo nos cuenta lo que ya sabemos.

೭ ೭

EN EL MUNDO DEL CINE, en el transcurso de una reunión la gente suele decir: «Esto está bastante bien», «Este actor es bastante bueno», «Este director es bastante bueno».

Cuando alguien me dice «Esto está bastante bien», nunca es así. Es más bien lo contrario, significa que la persona o el guion «no» es suficientemente bueno.

Estoy seguro de que lo mismo sucede en todos los tipos de trabajo. Es una expresión extraña que significa exactamente lo opuesto a lo que esas palabras expresan. Es una manera de decir: vamos a dejarlo aquí, en la mediocridad.

No me interesa lo «bastante bueno».

Gran parte de mis reservas de determinación provienen de todos esos años de conversaciones basadas en la curiosidad con gente que nunca se conformó con lo «bastante bueno». Sus experiencias, sus logros, son un recordatorio de que uno no puede vivir sólo de la curiosidad, para tener una vida satisfactoria (y para usar la curiosidad de manera valiosa), uno tiene que tener también disciplina y resolución. Tiene que aplicar la imaginación a aquello que aprende, y, lo que es más importante, tiene que tratar a la gente que le rodea con respeto y amabilidad, y la curiosidad hará el resto.

A mi entender, el tipo de curiosidad más valioso es aquél en el que no se trata de una cuestión específica. El tipo de curiosidad más valioso es el de las preguntas abiertas, ya se hagan a un premio Nobel o a la persona que se sienta a tu lado en un banquete de bodas.

Con el tiempo, me he dado cuenta de que uno archiva la curiosidad, es decir, archiva los resultados de su curiosidad, guarda los puntos de vista y la energía que extrae de ella.

Hay dos maneras de pensar respecto a la curiosidad de preguntas abiertas que me propuse seguir desde que tenía veinte años. Ese tipo de conversaciones son como un fondo de inversión: inversiones a largo plazo en cientos y cientos de personas diferentes, personalidades diferentes, especialidades, temas. Algunas de ellas serán interesantes en el momento en que estamos conversando, pero no después. Algunas no serán interesantes ni siquiera en el momento en que se producen. Y otras merecerán enormemente la pena a largo plazo, pues la conversación generará un interés mayor y un mayor estudio en mí, o porque la conversación quedará ahí estancada y una década después aparecerá una idea, una oportunidad, o un guion y la captaré por entero gracias a aquella charla.

Pero al igual que sucede en el mercado de valores, uno no sabe por adelantado el rendimiento de una conversación, cuánto ganará con ella. Pero hay que seguir con ellas, invertir un poco más de esfuerzo con tiempo, espacio y gente, seguro de que eso es lo correcto.

Contemplo las conversaciones con mente de artista. Los artistas siempre buscan ideas, puntos de vista, objetos que puedan serles útiles. Un artista que pasea por la playa puede encontrar un trozo de madera que tiene una forma extraordinaria. La madera no encaja con el proyecto que el artista tiene en mente, pero le atrae sobremanera. Luego, se la lleva a casa, la coloca en un estante y un mes o unos años más tarde, la mira, la toma en las manos y la transforma en una obra de arte.

No tengo idea de dónde vienen las buenas ideas, pero sí sé que:

Cuanto más sé del mundo, más comprendo cómo funciona el mundo; cuanto más gente conozco, cuantos más puntos de vista tengo, más probable es que dé con una buena idea; más probable es que comprenda una idea cuando la escucho. Y menos probable es que me quede con algo que sea «bastante bueno».

Cuanto más sabes, más puedes hacer.

La curiosidad es un estado de la mente, para ser más específico: es el estado de una mente abierta. La curiosidad es un tipo de receptividad. Y lo mejor de todo es que no hay ningún truco en ella, se trata tan sólo de hacer cada día una buena pregunta y escuchar la respuesta.

La curiosidad es la manera más apasionante de vivir en este mundo. Es, ciertamente, el secreto para vivir una vida más completa.

Conversaciones curiosas de Brian Grazer: Selección

COMO PARTE DE LA TAREA DE ESCRIBIR *Una mente curiosa* hice algo que nunca antes había hecho: recopilé en un listado todas las personas con las que había tenido conversaciones basadas en la curiosidad durante los últimos treinta años. (En realidad, la mayor parte del trabajo de crear esta lista la realizó parte del personal de Imagine, algo por lo que les estoy tremendamente agradecido).

Examinar la lista de gente con la que tuve la oportunidad de conversar es para mí como ir pasando las páginas de un álbum de fotos. Al igual que sucede a veces con una fotografía, un nombre desencadena una oleada de recuerdos: dónde estaba cuando conocí a esa persona, de qué hablamos, cómo íbamos vestidos, incluso posturas, actitudes o expresiones faciales.

A medida que trabajábamos en el libro, al contemplar esa lista una y otra vez, hubo dos cosas que me emocionaron. La primera fue un extraordinario sentimiento de gratitud hacia toda esa gente que se avino a sentarse a hablar conmigo, a ofrecerme la visión de su mundo cuando a cambio no iba a ganar nada tangible. Después de todos estos años, me gustaría llamar a cada una de esas personas y darles las gracias de nuevo por todo lo que aportaron a mi vida. Cada persona fue una aventura, aunque sólo estuviéramos sentados en el sofá de mi despacho, un viaje que traspasó los confines y la rutina de mi propia vida. La magnitud de la experiencia, personalidad y logros que hay en esa lista es realmente una inspiración.

Y la segunda cosa es la gran cantidad de historias que surgieron de las conversaciones de *Una mente curiosa,* teníamos tantas que pensamos que sería divertido incluir un apartado con algunas de ella. Lo que sigue a continuación es una selección –en Hollywood lo llamamos *bonus material* (información adicional)– de algunas de las conversaciones curiosas que más me han impactado.

Almuerzo con Fidel

En La Habana, el Hotel Nacional está situado en una avenida junto al mar, el Malecón. Tiene dos docenas de habitaciones que llevan nombres de gente famosa que se alojó allí. La de Fred Astaire (228), Stan Musial (245), Jean Paul Sartre (539) y Walt Disney (445) son ejemplo de ello.

Cuando visité La Habana, en febrero de 2001, estuve en la *suite* de Lucky Luciano (211), un par de habitaciones con el nombre de ese famoso mafioso que eran demasiado grandes para una sola persona.

Fui con un grupo de amigos que habíamos decidido hacer juntos un viaje al año y que empezamos por Cuba (lo comento en las páginas 103 y 104). Ese viaje lo organizó Tom Freston, que en aquella época era director ejecutivo de la MTV, y el grupo lo formaban Brad Grey, el productor; Jim Wiatt, jefe de la agencia de talentos William Morris; Bill Roedy, antiguo jefe de la MTV Internacional; Graydon Carter, editor de *Vanity Fair;* y Leslie Moonves, director ejecutivo de la CBS.

Eso fue bastante antes, por supuesto, de que se restablecieran las relaciones diplomáticas entre Estados Unidos y Cuba, por lo que visitar Cuba en aquella época era todo un reto, uno nunca sabía dónde iría a parar o a quién conocería.

Antes de ir a Cuba, yo llevaba tiempo y esfuerzo invertido en intentar conseguir tener una de mis conversaciones con Fidel Castro sin conseguir resultado alguno.

Volamos a una base militar cubana, y resultó que varios de nosotros habíamos estado intentando tener algún contacto con Fidel. Dejamos bien claro a los tipos que nos custodiaban que nos gustaría encontrarnos con Fidel.

En la visita supimos que los cubanos evitan llamar a Fidel por su nombre. En vez de nombrarlo, usan un gesto: con el pulgar y el índice se tocan la barbilla como si estiraran una barba imaginaria.

Tuvimos unas cuantas falsas alarmas. Una vez, salíamos de un club de La Habana a las 2,30 de la mañana cuando un funcionario se nos acercó y nos dijo que Fidel nos recibiría a las 4. Estábamos exhaustos, pero nos miramos y dijimos: «¡Bien, vamos a verle!».

Casi tan pronto como acordamos verle, nos dijeron que la reunión no iba a tener lugar.

El día antes de irnos, nos dijeron que Fidel nos recibiría al día siguiente para almorzar, al mediodía. Ya habíamos concretado el vuelo de vuelta, así que tuvimos que retrasar la salida.

A la mañana siguiente, todos estábamos preparados. Nos habían dado una dirección, nos subimos a los coches que nos habían enviado y salimos a toda velocidad. Entonces, de improviso, los coches viraron bruscamente y aceleraron justo en dirección contraria, hacia un destino diferente. ¿Por qué tanto misterio? ¿Era teatro?

¿Era algo pensado para la seguridad de Fidel? Quién sabe.

Tan pronto como llegamos al nuevo destino, nos presentaron a Fidel, el cual iba vestido con su habitual uniforme militar. Nos dieron a todos ron y nos quedamos de pie hablando.

Yo estaba con Leslie Moonves, hablando con Fidel. Podría decirse que Leslie era la persona más poderosa de nuestro grupo, y tras William Paley (fundador de la CBS), era quizás el director ejecutivo más famoso de todos los tiempos. Fidel sabía ciertamente quién era Les, le trató como si fuera el líder del grupo y centró gran parte de su atención en él.

Fidel hablaba con tal energía que necesitaba dos traductores que se iban turnando. Él también tenía una copa, pero en la hora que estuvimos de pie no vi ni una sola vez que se la llevara a los labios.

Tampoco le vi nunca cansado, ni estando de pie, ni sosteniendo la copa. Después de más de una hora, susurré a Les: «¿Tú crees que iremos dentro a comer?».

Les dijo en voz alta, y en parte para que le oyera Fidel: «¡Quizás deberíamos pasar dentro y empezar a comer!».

Como si se hubiera olvidado por completo de la comida, Fidel estuvo de acuerdo con la iniciativa y nos guio hasta el comedor. La comida consistió en dos partes: muchos platos típicos de la comida cubana y Fidel hablando de las maravillas de Cuba. No hablaba con nosotros: nos hablaba a nosotros.

Hablaba de todo con conocimiento y detalle. El clima en todos los lugares de la isla, los kilovatios necesarios para iluminar una casa cubana. Podía pormenorizar cualquier tema de su país, de su gente, de su economía.

En un momento dado, Fidel se dirigió explícitamente a Les y le dijo: «Me gustaría que cuando volviera usted a su país hablara a su presidente Bush de mis ideas».

Y acto seguido, Fidel inició una larga disertación sobre lo que quería que Moonves traspasara al presidente de Estados Unidos, como si Les pudiera de inmediato y de manera natural informar de ello al presidente Bush.

Durante horas y horas, Fidel no nos hizo ni una sola pregunta ni entabló conversación con nosotros. Él hablaba y nosotros comíamos y le escuchábamos.

Finalmente, se detuvo, nos miró, y después, por medio del traductor me dijo: «¿Cómo hace para que le quede el cabello tan de punta?».

Todo el mundo se echó a reír. Creo que Fidel se centraba tanto en el simbolismo y en la iconografía que quizás sintió curiosidad sobre lo que yo intentaba decir con mis cabellos. Sintiéndome un poco cohibido, decidí actuar de manera inteligente. Dije a Castro: «Hago películas. – Enumeré los dramas que habíamos hecho, sólo los dramas, no nombré las comedias, y acabé diciendo–: Y he hecho una que habla de cómo los gobiernos totalitarios torturan a su pueblo, se llamó *Tierra de armarios*».

Evidentemente, yo no estaba pensando en lo que decía, pensé que le iba a impresionar, pero en vez de ello es probable que Fidel pensara: «Deberíamos detener durante un año al del cabello raro». Graydon Carter me miró con una expresión que parecía decir: «¿Estás loco?». Luego, miró a Fidel, le sonrió levemente y dijo: «¡También ha hecho *El profesor chiflado 2!*».

Fue una salida perfecta, pero también alarmante. Me dio el tiempo justo para darme cuenta de lo que acababa de decir.

Fidel dejó pasar la cuestión sin mover un músculo. Al final, la comida se alargó hasta las 17,30. Los jets estaban esperándonos para llevarnos de vuelta a Estados Unidos. Y, una vez más, fue Les el que elegantemente nos dirigió a todos diciendo a Fidel que era la hora en que debíamos marcharnos.

Fidel nos obsequió a cada uno de nosotros con una caja de puros. Yo llevaba puesta una bonita guayabera cubana que me había comprado, y cuando ya nos íbamos, Fidel me firmó un autógrafo en la camisa, con ella puesta, justo a mitad de la espalda.

El héroe, la predicción y la peligrosa gorra de béisbol

Ese día concreto de junio de 2005, la segunda parada de la tarde tuvo lugar en un magnífico despacho del Capitolio de Estados Unidos. Estaba muy bien amueblado, con ricos paneles de madera y unos muebles sólidos y elegantes. Aquel espacio trasmitía no sólo una sensación de poder, sino algo más profundo, una sensación de autoridad. Era el despacho del senador John McCain, y yo estaba allí para conversar con uno de los hombres más interesantes e influyentes del Senado de Estados Unidos.

Todo apuntaba a que iba a ser una tarde especial, ese miércoles, 8 de junio. Antes de llegar al despacho de McCain había pasado una hora en una de las oficinas menos señoriales del Senado Los Estados Unidos con uno de los miembros menos influyentes de ésa época: Barack Obama.

Y después de mi conversación con el senador McCain, tuve que apresurarme cruzando unas cuantas travesías por Pennsylvania Avenue hasta llegar a la Casa Blanca para cenar y ver una película con la persona más poderosa del mundo: el presidente George W. Bush.

Obama, McCain y Bush. Un encuentro cara a cara con cada uno de ellos durante cuatro horas consecutivas. Eran las citas más increíbles que un tipo de fuera de Washington pudiera tener en una sola tarde.

Sucedió porque el presidente Bush nos había invitado a proyectar en la Casa Blanca la película *Cinderella Man*, en el momento en que se estaba estrenando en los cines. La película, dirigida por Ron Howard, estaba inspirada en la vida real del boxeador James J. Braddok, de la época de la Gran Depresión norteamericana, interpretada por Russell

Crowe, con Reneé Zellweger en el papel de su esposa y Paul Giamatti en el de su manager.

Pensé que ya que iba pasar un par de días en Washington sería divertido encontrarme con gente por la que sentía curiosidad.

Para mí, McCain era una elección muy clara, su atractivo es elemental: John es el auténtico héroe americano. Fue piloto en Vietnam, le hirieron, le capturaron y le torturaron; sobrevivió y llegó a ser una importante figura política. Incluso en los campos de prisioneros donde estuvo preso, era considerado un líder por los presos norteamericanos. En el Senado, y a través de todo el país, en 2005, McCain se forjó una magnífica reputación por su inteligencia, su independencia y su determinación.

La psicología y el carácter de los héroes es algo que me fascina: casi todas las películas que hemos realizado abordan lo que significa de una forma u otra ser un héroe.

Mi encuentro con McCain fue curiosamente anticlímax. Acabamos hablando no de cosas sustanciales, sino de cosas genéricas, hablamos de béisbol, del que yo sabía muy poco. Y hablamos de los ancianos.

La presencia de McCain era tan impresionante como su oficina. Estaba totalmente al mando, fue amable conmigo, pero me dio la impresión de que no sabía muy bien qué estaba haciendo yo allí. Era una persona relativamente conocida con la que tenía una cita de una hora. Una cosa estaba clara: John McCain no tenía que preocuparse por el tiempo porque todos los que le rodeaban se preocupaban en su lugar.

En un momento de la conversación, su ayudante jefe vino y le dijo: «¡Un minuto, señor!». Y, no estoy bromeando, sesenta segundos después, aquella mujer volvió y dijo: «¡Ya está!».

El senador McCain se levantó. Llevaba la chaqueta puesta, por supuesto, se la abotonó al levantarse, me estrechó la mano y se fue. Un momento después, uno de sus ayudantes me señaló un televisor que había en la oficina de McCain y allí le vi, entrando a grandes pasos en el Senado.

ↄↄ ↄↄ

Al contrario que mi conversación anterior, mi encuentro con Barak Obama no pudo ser más completo. El senador McCain llevaba dieciocho años en el Senado, y justo el pasado noviembre había sido reelegido en su cuarto mandato para representar a Arizona con un sorprendente 77 por 100 de los votos. Estaba en lo más alto de su carrera y seguía subiendo.

Barack Obama llevaba cinco meses en el Senado. Justo un año antes, aún estaba en Illinois como senador de ese estado.

Pero fue en la convención nacional demócrata, en el verano anterior –en la convención que nominó senador a John Kerry del Partido Demócrata para enfrentarse al republicano George W. Bush– cuando Barack Obama llamó por primera vez la atención del país, y también la mía. Ahí fue cuando donde Obama pronunció un discurso de apertura apoteósico, con unas frases tan optimistas como la de «No hay una América progresista y un América conservadora, hay unos Estados Unidos de América».

El día en el que le conocí, era el único senador negro de Estados Unidos. Estaba además de los últimos de la lista, en los noventa. Su oficina era la número noventa y nueve, la segunda menos deseable. Para llegar al despacho de Obama, caminamos bastante, subimos al tranvía del Capitolio y luego caminamos bastante más.

Al llegar a su despacho quedé sorprendido por la cantidad de gente que entraba y salía de allí. Estaba en un sótano y no era demasiado luminoso. Era una mezcla entre un mercado de trueque sabatino y una oficina para tramitar el carnet de conducir. El despacho estaba totalmente abierto, y la gente entraba y salía aprovechando la ocasión para ver a su senador.

Habiendo tanta gente fascinante en Washington la que podría haberme reunido aquella tarde, ¿por qué había pedido una cita con Obama, que ni siquiera era un senador significativo, y mucho menos tenía poder en el escenario político nacional?

Cuando vi hablar a Obama en televisión, como todos los que le veían, quedé cautivado e intrigado a la vez. Para mí, su capacidad comunicativa estaba en otra categoría, sus habilidades en comunicación eran como las de Muhammad Ali en el boxeo. Parecía como si estuviera haciendo magia, magia retórica.

Yo pertenezco al mundo de la comunicación. Mi trabajo es transferir palabras a imágenes, y hacer que esas imágenes provoquen emociones en la gente, emociones más poderosas que las palabras originales. Cuando vi hablar a Obama, del mismo modo que podía haber visto boxear a Ali, estaba haciendo algo que iba más allá de cualquier otro conferenciante. Provocaba emociones con sus palabras del mismo modo que lo haría una imagen.

El despacho de Obama era muy humilde, pero él fue muy cordial, y estuvo totalmente entregado. No mostraba esa distracción que con frecuencia muestra la gente importante cuando está contigo, ya sea comprobando constantemente la hora o el correo y con la mente en cuatro sitios a la vez. Es alto y flaco, y nos sentamos en unos sofás dispuestos en diagonal, me saludó y después se replegó en el sofá con una soltura acrobática, como un atleta. Parecía completamente relajado, y muy a gusto consigo mismo.

Hablamos de nuestras familias y hablamos del trabajo: fue más una conversación personal que una conversación política. Mientras hablábamos, una gente joven y dinámica —su personal— entraba y salía constantemente del despacho, pero él no se distraía. Obama transmitía mucha confianza. Aquél era el despacho número noventa y nueve, pero él se sentía muy seguro de sí mismo. Llevaba sólo un año fuera de la Cámara de representantes de Illinois, y cinco meses en el Senado, y apenas cuatro años después sería el presidente de Estados Unidos.

Al salir del despacho del Senado número noventa y nueve, me tropecé con Jon Favreau, el brillante escritor que colaboraba con Obama escribiendo sus discursos. Se habían conocido en la Convención Nacional del Partido Demócrata, donde Obama había dado un discurso.

—Si alguna vez decides dejar la política —le dije a Favreau medio en broma— y quieres trabajar en Hollywood, llámame. Eres impresionante.

—Muchas gracias —dijo Favreau—, pero creo que él va a querer que esté a su lado.

Ni al senador McCain ni al senador Obama les dije que también iba a ver al otro. Pero a los dos les dije que aquella tarde iba a la Casa Blanca a proyectar en privado para el presidente George W. Busch la película *Cinderella Man*.

Me había reunido varias veces con el presidente Bill Clinton, y estaba muy intrigado por el presidente Bush y sentía curiosidad por ver su estilo. Aquella tarde, el lenguaje corporal del presidente Bush fue muy diferente. Cuando Bush habla contigo no lo hace cara a cara, o al menos no lo hizo cuando habló conmigo.

El presidente Bush se acercó a mí, nos presentaron; fue muy cálido, nada presuntuoso. Después, empezamos a hablar, se me acercó y me pasó un brazo por encima, así es como le gusta hablar, como dos colegas, hombro con hombro. Eso me gustó.

También hizo otra cosa que me gustó. Cuando antes de la película nos sirvieron comida, el presidente Bush tomó una bandeja, se sirvió, y se sentó solo a la mesa. Parecía no necesitar estar rodeado de sus colegas.

Esa mesa se llenó, por supuesto, pero pensé que era admirable. Se quedó allí durante toda la película.

Lo único decepcionante de aquella tarde tuvo que ver con un pequeño regalo que había llevado para Bush. Era una gorra de béisbol del programa de televisión *Friday Night Lights*. El presidente se había criado en Odessa, Texas, y pensé que le encantaría.

Cuando estaba haciendo cola frente al personal de seguridad, en la puerta de la Casa Blanca, estaba tan entusiasmado con la gorra que se la mostré a los guardias.

«El presidente es de Odessa, Texas, y le traigo de regalo esta gorra del programa *Friday Night Lights*», les dije.

Pensé que eso haría sonreír a alguien. Me equivoqué. Miraron la gorra, la recogieron, la pasaron por un par de máquinas. Otro par de personas la examinó, por dentro y por fuera.

Después, alguien asintió y me dijo: «Usted no puede entregársela al presidente, nosotros se la daremos por usted».

Hubiera sido mejor no decir nada y entrar en la Casa Blanca con la gorra en la cabeza.

Nunca volví a ver la gorra. Hablé al presidente Bush de ella, espero que en algún momento alguien se la hiciera llegar.

El enguantado

A principio de los años noventa, estuve intentado de manera rutinaria sentarme a charlar con Michael Jackson. Solíamos llamar a sus oficinas un par de veces al año y pedir una cita con él. Pero no estaba nada interesado.

Pero, de repente, un día dijo que sí. No estaba muy claro el porqué, aunque en aquella época nosotros estábamos haciendo películas familiares como *Dulce hogar… ¡a veces!*, *Poli de guardería* y *Mi chica* y habíamos oído que estaba interesado en hacer películas.

Cuando llegó el día de la cita, su gente apareció antes en nuestra oficina. Había una gran excitación, como puedes imaginar, y entonces apareció Michael Jackson.

En esas fechas, Jackson ya era muy conocido por sus tímidos e inusuales gestos. Pero no se presentó así, parecía una persona normal y corriente, aunque sí llevaba guantes, sus guantes blancos.

Yo era, claro está, un fan de Michael Jackson, no te puede gustar la música norteamericana de años setenta y ochenta y no ser fan de Jackson. Pero como no soy un fan de esos que enloquecen, no estaba especialmente nervioso. Respetaba a Jackson y creía que era un genio. Medía alrededor de 1,75, estaba delgado, pero puede decirse que estaba fuerte. Entró en mi despacho, se sentó: «¡Qué placer conocerte! –le dije–. Esto es estupendo».

Él actuaba normalmente, así que decidí tratarlo normalmente. Pensé, voy a pedirle que se quite los guantes. Cualquier persona normal que llega de la calle se quitaría los guantes, ¿verdad? Pero eso hubiera sido el final de la conversación.

No lo dudé, le dije: «¿Te importaría quitarte los guantes?». Y así lo hizo, así de simple fue. Y yo pensé: «Se ha quitado los guantes, nos vamos a entender».

Michael Jackson no era una persona conversadora, y para ser sincero yo no sabía exactamente de qué hablar con él. Y por supuesto no quería aburrirle.

Le pregunté: «¿Cómo creas tu música?».

Y él de inmediato empezó a hablar de ello, de cómo componía, de cómo tocaba, y lo hizo de un modo casi científico.

En realidad, se transformó todo él. Cuando empezamos a hablar, su voz era esa voz aniñada que la gente conoce. Tan pronto como empezamos a hablar de crear música incluso su voz cambió, se transformó en otra persona, era como si estuviera dando una clase magistral, como si hablara un profesor de Julliard. Habló de melodías, de letras, de las mezclas que hace el ingeniero de sonido. Me dejó impresionado.

Hablamos un poco de cine, Jackson ya había hecho unos vídeos extraordinarios, incluido el de *Thriller,* que dirigió John Landis.

Fue una conversación curiosa con un toque de negocios.

No le volví a ver. En la conversación que tuvimos, que duró una hora, no hubo nada extraño ni incómodo. Me quedé con una impresión muy diferente a la que tenía de él. Me hizo pensar que no era un tipo raro, ni una colección de rarezas ni afectaciones, era tan sólo alguien que se debatía con la fama. El comportamiento era de un modo u otro como el de la atmósfera que nos rodeaba. Me quedé impresionado de poder hablar con él como un adulto, y él me habló como un adulto.

Le pude pedir que se quitara los guantes, y se quitó los guantes.

La oportunidad perdida

En cierto modo, Andy Warhol tenía mucho en común con Michael Jackson. Ambos tenían una apariencia física característica, una apariencia que cada uno de ellos se había creado de manera consciente. Ambos hacían un trabajo admirable e influyente, su sola firma representaba todo un estilo, una época. Y a ambos se los consideraba personas misteriosas, enigmáticas, casi impenetrables.

Fui a conocer a Andy Warhol a principio de los años ochenta, cuando fue a visitar la ciudad de Nueva York, en una época en la que tuve la oportunidad de conocer a muchos artistas, entre ellos David Hockney, Ed Ruscha, Salvador Dalí y Roy Lichtenstein. En aquel entonces, Warhol ya era una institución: él fue quien hizo la serigrafía de las famosas latas de sopa Campbell, en 1962. Le conocí en su estudio, The Factory. Iba vestido con su clásico suéter de cuello cisne y de color negro.

Había dos cosas que me interesaban especialmente de Andy Warhol. La primera de ellas se refería a que no era un artista brillante, técnicamente hablando no tenía, por ejemplo, la habilidad de Roy Lichtenstein, y tampoco intentaba superarle. Para él, el mensaje del arte, la comunicación, era lo más importante.

Y la segunda cosa que me impactó cuando le conocí fue su absoluto rechazo a intelectualizar su trabajo. Apenas quería hablar de ello. Y cada pregunta la respondía con la respuesta más simple.

—¿Por qué hiciste los retratos de Marilyn Monroe? –le pregunté.

—Ella me gustaba –contestó Warhol.

Estuvimos dando una vuelta por The Factory, por todas partes había serigrafías, algunas acabadas, otras a medio hacer.

—¿Por qué haces tus obras de arte con serigrafía? –le pregunté.

—Pues porque así podemos reproducir muchas –dijo.

Así eran sus respuestas, unas explicaciones nada elaboradas.

Warhol tenía fama de ser distante. Durante la visita a su estudio, estuvo por completo dedicado a mí. Era un poco psicodélico, a la manera de los años sesenta. Y también era un poco difícil conversar con él, pero en cambio era fácil pasar un rato con él.

Al cabo de unas semanas volví a la ciudad de Nueva York y volví a hacerle una segunda vivita. Me dijo: «Voy a ir a Los ángeles y voy a participar en un episodio de *Vacaciones en el mar* (una serie televisiva de los años ochenta)».

Yo pensé: «¿Qué me está contando? ¿Andy Warhol en *Vacaciones en el mar* junto al Capitán Stubing y Juli McCoy?». No me lo podía imaginar. Pensé que estaba bromeando.

—Voy a actuar en un episodio de *Vacaciones en el mar* –dijo Warhol.

No caí en la cuenta de que él hacía ese tipo de intervenciones en la cultura pop. Le gustaba sorprender a la gente. Y lo hizo: participó en el episodio que se emitió el 12 de octubre de 1985, junto a Milton Berle y Andy Griffith.

En nuestro segundo encuentro, Warhol me dijo: «No sabía que tu socio fuera Ron Howard ¡Es Richie Cunningham!».

Warhol tuvo una idea. «Me encantaría –dijo– hacerle una fotografía a Ron Howard y hacer dos cuadros, uno antes y uno después. Quiero hacerle una foto ahora, con su bigote en forma de manillar, después, cuando se afeite, le haré otra. Dos, una con bigote y otra sin él. Antes y después».

Enseguida pensé en los retratos dobles que le había hecho a Elvis. Pero no dije nada, le dije que transmitiría a Ron su idea.

Volví a Los Ángeles y dije a Ron:

—Andy Warhol quiere hacerte dos retratos, uno con bigote y otro sin él. Quiere que te afeites el bigote. Estaba muy entusiasmado con la idea.

Pero Ron no se entusiasmó en absoluto, más bien se quedó desconcertado.

—Brian, tú sabes que no quiero en absoluto afeitarme el bigote –dijo–, forma parte de mi personalidad. Intento no dar la imagen de «chico americano».

Bien, yo podía entender todo aquello, en parte. No todo el mundo tenía a Andy Warhol pidiéndole que le dejara hacer dos retratos. Pero también sabía lo importante que era para Ron su identidad, lo importante que era en realidad para todos nosotros.

Así que ése fue el final de Ron Howard, antes y después. O eso pensé yo.

Muchos años más tarde, nació nuestra película *Cry-Baby*. Como lo habíamos convertido en costumbre, Ron Howard y yo fuimos a la sala Westwood Avco, en Los Ángeles, la noche del estreno para comprobar de primera mano el impacto que causaba en el público. El Avco era el mismo sitio donde hubo colas y colas de gente en torno a la manzana de casas para ver *Splash*. Ese viernes, esperando ver *Cry-Baby* había siete personas en una sala de quinientas plazas.

Ron y yo, para mitigar aquella decepción, nos fuimos a casa y nos tomamos un par de botellas de vino mientras veíamos *Drugstore Cowboy*. Ron tenía que pillar un vuelo nocturno desde el aeropuerto internacional de Los Ángeles, de modo que hacia las diez de la noche se fue hacia el aeropuerto.

Me llamó antes de despegar. Estaba un poco borracho. Me dijo:

—Brian, quiero que lo sepas, he ido al lavabo de caballeros y me he afeitado el bigote.

Y sin pensar en ello dije:

—¡Dios mío, podías haberlo hecho para Andy Warhol, habríamos tenido dos retratos de Ron Howard valorados en cincuenta millones cada uno!».

En estos momentos, claro está, Ron vuelve a tener bigote, de hecho, barba y bigote. Ron es un icono sin que tenga una serigrafía de Warhol.

La curiosidad como arte

Es muy probable que conozcas la obra de Jeff Koons. Es muy divertida. Hace grandes esculturas de acero con forma de esos perritos que hacen los payasos con globos. Reprodujo un juguete infantil, un conejito, en acero inoxidable que llegó a hacerse tan conocido que pasó a formar parte como globo hinchable del desfile del Día de Acción de Gracias patrocinado por Macy's.

A mi entender, la obra de Koons es vital y divertida a la vez. También puede parecer simple, pero bajo ella se esconde mucha historia y teoría del arte.

Conocí por primera vez a Jeff Koons hace veinte años, a principio de los años noventa. Como hice con Warhol, fui a visitarle a su estudio en Nueva York. Cuando uno entra en su estudio, conociendo al perro y al conejo, piensa, eso lo podría hacer yo. Después de salir de allí y haber pasado un par de horas con Koons, piensa que nadie podría hacer lo que él hace.

A pesar de que cuando era joven trabajó en Wall Street como corredor de bolsa, Koons siempre quiso ser artista. Pero él no es de la clase de artista que se pasea por su estudio en pantalones vaqueros. Suele vestir como una de los grandes directores de cine de los años cuarenta o cincuenta, como George Cukor o Cecil B. DeMille. Lleva pantalón de vestir y una bonita camisa, viste moderno y elegante. Está lleno de contrastes. Su tono de voz era discreto, pero su obra y sus acciones no lo son. En 1991, por ejemplo, se casó con Cicciolina, la famosa actriz porno italiana. Juntos hicieron obras artísticas, entre ellas cuadros en las que ambos aparecían desnudos o semidesnudos.

Koons es un hombre sin pretensiones, pero le gusta hacer cosas sorprendentes e incluso arriesgadas en nombre del arte. Y, al contrario de Warhol, disfruta hablando de las fuentes de su arte, así como de sus principios intelectuales y de su perspectiva histórica traducida a forma visual.

Su estudio, donde producía toda su obra dramática, daba la sensación de ser un caro y elaborado laboratorio científico. Se diría que era casi antiséptico, y él era el genio calculador, el científico que piensa y crea.

Volví a su estudio hace mucho menos tiempo, estaba en otro sitio, pero era como aquel primero, el laboratorio de ciencias había llegado a otro nivel.

Más tarde, cuando empezamos a hablar de arte para crear la cubierta de *Una mente curiosa,* de improvise pensé en Jeff Koons.

¿Cuál sería su concepto de la curiosidad? ¿Cómo lo plasmaría en la cubierta de un libro? No se lo pregunté abiertamente. A través de un amigo le hice saber que me encantaría que hiciera un diseño para la cubierta del libro. Me llegó la respuesta de que sí lo haría.

Un mes después, en el verano del 2014, nos encontramos en el Festival de Ideas de Aspen y le dije:

—¡Me entusiasma la idea de tener una obra de arte en el libro!

Me contestó:

—Háblame del libro.

Le hablé de los años de conversaciones basadas en la curiosidad, de la gente, de la idea que tenía de que no hubiera tenido en la vida nada de lo que tengo sin haber tenido curiosidad. Le hablé de que la idea del libro es inspirar a otras personas a contemplar la curiosidad como un poder que puede mejorar sus vidas.

A Koons se le iluminó la cara. «¡Me encanta!», me dijo.

Y el dibujo que hizo para la cubierta capta totalmente la idea de la que estábamos hablando: una línea aparentemente sencilla traza un rostro que refleja la alegría, la generosidad y el entusiasmo que aporta ser una persona curiosa.

El escritor hace una llave al productor

Es posible que uno de los más grandes escritores sobre boxeo sea Norman Mailer. Fue un magnífico escritor de muchos temas –ganó dos premios Pulitzer y el National Book Award– y desempeñó un gran papel en el panorama cultural norteamericano, un papel que inició en los años cincuenta siendo socio cofundador del *The Village Voice.*

Cuando empezamos a trabajar en *Cinderella Man,* la película de boxeo que mostramos al presidente Bush en la Casa Blanca, decidí que sería divertido y también muy importante que habláramos con Mailer sobre el boxeador Jim Braddock y el papel del boxeo en la época de la Gran Depresión norteamericana.

Conocí a Mailer en la ciudad de Nueva York en 2004. Dejé que él eligiera el lugar, y optó por el Royalton Hotel, uno de los hoteles más famosos del viejo Midtown que en su época fue elegante pero que en aquel momento estaba un poco deteriorado (El Royalton está ahora renovado).

Tenía un vestíbulo con unos viejos y cochambrosos sofás de terciopelo. Eran un tanto incómodos. Nos sentamos en uno que hacía esquina. Mailer se sentó muy cerca de mí.

Cuando nos conocimos, Mailer tenía ochenta años, pero no tenía nada de viejo. Nos sentamos y hablamos de boxeo, de nuestras relaciones personales. Cada uno se quejó al otro de las suyas.

Aún a los ochenta años, Mailer seguía estando fuerte. Era bajo, ancho y robusto. Tenía una cara grande y dura, y una voz muy interesante. Articulaba muy bien cada palabra. Ponía énfasis en cada cosa que decía y uno se quedaba con su voz.

Eran las tres de la tarde, pero Mailer pidió una copa. Recuerdo que pensé que era un poco temprano para empezar a beber, pero seguramente no lo era en el mundo en el que Norman Mailer vivía y escribía. Era un puente hacia la época de Hemingway. Tenía lo que cabía esperar en un tipo como Mailer: algo un poco pasado de moda, como un sidecar. Una copa de whisky.

A Mailer le gustó la idea de hacer una película sobre Jim Braddock. Estaba enfurruñado, aquella tarde estaba enfadado con muchas cosas, pero le gustó la idea de la película.

Era divertido. Hicimos algunas fotos, él estaba deseando hacerse fotos conmigo, pero no estuvo cercano ni entrañable: «¡Venga, vale, tienes un segundo para hacerlas!», me dijo.

Cuando hablaba de boxeo, usaba los puños para mostrar los pases. Me habló de combates concretos: podía recordar las secuencias de los diferentes golpes en determinados combates, y me enseñaba los golpes, los reproducía, tal cual. Me habló de la fisionomía de los boxeadores, de cómo se estudiaban unos a otros los cuerpos y los rostros en busca de los sitios donde los golpes hicieran más daño. Me mostró un intercambio de ganchos en una determinada pelea y dijo:

—Y entonces lo sacó del *ring.*

Yo estaba sorprendido, y le pregunté:

—¿Cómo pasó? ¿Cómo le sacó del ring?

Entonces, simplemente se abalanzó y dijo.

—Fue así. –Y de repente Normal Mailer me inmovilizó la cabeza con una llave. Allí mismo, en el vestíbulo del Hotel Royalton, el famoso escritor le inmovilizó la cabeza al productor de Hollywood con una llave.

Yo no sabía muy bien qué hacer.

Con sus brazos rodeándome la cabeza, vi claro lo fuerte que estaba. Era un poco embarazoso. Yo no quería pelearme, pero tampoco estaba muy seguro de lo que iba a pasar después. ¿Cuánto tiempo me iba a retener Mailer con aquella llave?

Duró lo suficiente para impresionarme.

Desayuno con Oprah

Conocí a Oprah Winfrey justo en el momento en que pensé que necesitaba conocerla, y Oprah fue exactamente el tipo de persona cálida, reflexiva y sincera con la que necesitaba hablar.

Era a principios del 2007. Nunca habíamos coincidido Oprah y yo a pesar del impacto que tenían sus programas de televisión y sus películas.

Había hablado con Spike Lee, sabía que ellos eran amigos.

—Me encantaría conocer a Oprah –le dije a Spike–, ¿me ayudarías?

Spike se echó a reír.

—¡Simplemente llámala, hombre!

—No la conozco, no sé si me contestará –le dije.

Spike rio de nuevo.

—Ella ya sabe quién eres –me dijo–, sólo tienes que llamarla.

Spike me dio el empujón que necesitaba. Llamé a Oprah.

Al día siguiente, estaba sentado en mi oficina en un encuentro con Jennifer Lopez. JLo estaba allí, en mi despacho, cantándome una bonita balada.

Mi ayudante llamó a la puerta, entró y me dijo en un susurro: «Oprah al teléfono. Es ella en persona».

Hice una mueca. Miré a Jennifer y le dije:

—JLo, es Oprah en persona, tengo que hablar con ella. Déjame que hable con ella. –Jennifer dejó amablemente de cantar, pero no sonreía.

Tomé el teléfono.

—¡Oprah! –dije–, no puedes imaginar lo mucho que me encantaría conocerte. Iré donde quieras. –Y le conté lo de las conversaciones basadas en la curiosidad en una sola frase.

Y con una voz maravillosamente tranquilizadora, Oprah me dijo:

—Me encantará conocerte, Brian. Y claro que sé quién eres. –Después dijo algo agradable sobre una de mis películas–. Dentro de poco voy a estar en el Hotel Bel-Air de Los Ángeles –añadió.

Y así fue como al cabo de diez días, la mañana del 29 de enero de 2007, en el jardín del Hotel Bel-Air de Los Ángeles, me encontré esperando desayunar con Oprah Winfrey.

Me sentía un tanto deprimido porque estaba pasando una crisis sentimental. Tenía que optar por un cambio de vida.

Oprah llegó a desayunar con su amiga y colega Gayle King. Tomamos huevos rancheros. Hablamos de la vida, de las relaciones sentimentales, de lo que realmente importa y de qué hay que hacer para conservarlo, no sólo en el momento, sino a largo plazo.

¿Quién mejor para tener ese tipo de conversación cuando te sientes emocionalmente magullado e inseguro? Oprah tiene ese profundo pozo de sabiduría que es el sentido común. Y también sabe escuchar. Me recordó que la vida es el proceso en sí, no los momentos concretos, que en ella hay errores, pero, por supuesto, también hay felicidad e infelicidad.

«Siempre intento resolver la vida por mí misma», me dijo.

Estuvimos hablando casi durante dos horas. Estaba claro que Oprah tenía un montón de cosas que hacer. Gayle estaba ya lista, iba vestida con un formal traje de negocios. Oprah, por otra parte, tenía que volver a su habitación y prepararse para encararse al día. Había acudido al desayuno en pijama, cómoda, y así fue nuestra conversación, como si ambos fuéramos en pijama.

Compartir un bol de helado con una princesa

No hay nada tan emocionante como conocer a un auténtico príncipe y una auténtica princesa. En septiembre de 1995, nos invitaron en Londres a una *première* real para el príncipe Carlos, la princesa Diana y toda la familia real.

La manera en que funciona un estreno real es diferente a cómo funciona, por ejemplo, en la Casa Blanca. Conocimos a la familia real en un teatro de Londres, y después, en el caso de la película *Apolo 13,* todos fuimos invitados a una cena en otro lugar.

El príncipe Carlos y la princesa Diana estaban ya oficialmente separados, de modo que no estábamos seguros de quién de ellos acudiría al evento. Pero tan pronto como supimos lo que iba a suceder, me salté el protocolo y fui a las oficinas de la princesa Diana. Allí expliqué que estaba esperando el estreno y encontrarme con su alteza real. Les hablé de las conversaciones basadas en la curiosidad y de que me gustaría tener la oportunidad de sentarme frente a frente a la princesa antes o después del evento del estreno.

Sin sorpresa por mi parte, no tuve noticia alguna.

El estreno fue el 7 de septiembre en un teatro del West End de Londres. Todos estábamos en fila, esperando saludar formalmente a la princesa Diana (el príncipe Carlos no iba a asistir).

Después de la película, varios de nosotros nos reunimos a comer en un gran restaurante de mesas largas. Nos sentamos todos siguiendo las instrucciones.

Ahora, cuando montas un estreno real, antes de tomar un avión para cruzar el Atlántico, los tipos de los Estudios Universal vienen y te dan un cursillo breve sobre el protocolo a seguir para relacionarse con los miembros de la familia real: cómo saludarlos («su alteza real»), que no hay que tocarlos, cuándo hay que estar sentados y cuándo hay que hacer una reverencia. Y cuando llegas a Londres te dan otro cursillo.

De modo que nos sentamos para la cena, y la última persona que entró fue la princesa Diana. Cuando entró, todo el mundo se puso de pie. Ella se sentó y nos sentamos todos. Justo frente a mí se sentó la princesa Diana.

Nadie me había dicho nada, pero parecía que finalmente iba a tener una conversación con curiosidad con ella. Diana estaba muy bella, en realidad aquella noche vestía un traje corto de color negro que causó gran revuelo en la prensa londinense por ser el más corto que había vestido nunca en público.

Tan pronto como la tuve sentada delante de mí, tomé una decisión: no iba a seguir la conversación conforme el estilo protocolario dictado.

Decidí ser divertido, bromear. Ella conectó de inmediato conmigo, también bromeó. La gente que la rodeaba estaba un poco sorprendida con mi comportamiento y la participación de ella. Le encantó realmente *Apolo 13*.

Aunque no estaba tan animada como a mí me hubiera gustado. Con ese maravilloso deje británico dijo: «Es una película fantástica, realmente notable. Un film importante».

Tras la cena, estuvimos hablando de cine. Hablamos también de la cultura pop norteamericana. Tom Hanks estaba sentado a un lado de la princesa, y estuvo muy divertido toda la velada. Ron Howard estaba sentado al otro lado. Entre Tom yo nos encargamos de hacer reír a la princesa, no estoy seguro de que Ron tuviera oportunidad de decir gran cosa.

Diana me recordó a Audrey Hepburn en la película *Vacaciones en Roma*, aunque, en el caso de Diana, ella era una persona normal y corriente que se convirtió en princesa, y no al revés. El carisma de Diana provenía de su belleza, de su elegancia, de su delicadeza.

Me sorprendió su sentido del humor, no esperaba que se riera con nuestros chistes. Pensé que sonreiría, pero se rio. Parecía liberada. Era la persona más famosa del mundo, pero también estaba un poco atrapada. La risa era un toque de libertad.

En la cena, no había que pedir los platos, el menú ya estaba establecido. Cuando estábamos acabando el plato principal, dije a la princesa:

—¿Sabe?, me encanta el helado, ¿cree que podría conseguir helado?

La princesa Diana sonrió y dijo:

—Si quiere helado, ¿por qué no se lo pide a los camareros?

Así que llamé a un camarero y le dije:

—Me pregunto si la princesa y yo podríamos compartir un bol de helado.

La princesa Diana me miró como diciendo «Eso ha sido muy tierno, muy valiente. Yo estoy un poco asustada».

Los camareros se apresuraron a buscar helado. De hecho, nunca había visto a unos camareros tan atolondrados intentando encontrar helado.

En seguida me colocaron delante un bol de helado con una bola de vainilla y otra de chocolate. Naturalmente, le ofrecí el bol a la princesa y ella tomó una o dos cucharadas. Después, yo comí otro poco.

Después, antes de que se acabara, volví a ofrecerle el bol a la princesa Diana, y aunque yo había estado comiendo de él, ella tomó varias cucharadas más. Eso me sorprendió. Ella sonreía.

De repente, la princesa tenía que irse y yo dije:

—¿Por qué debe irse? ¡Lo estamos pasando tan bien!

Ella respondió:

—Es el protocolo, tengo que marchar antes de medianoche.

Era como un cuento de hadas. La princesa se puso de pie, todos nos levantamos y ella se fue.

Conversaciones sobre la curiosidad de Brian Grazer: un listado

Desde finales de los años setenta, Brian Grazer se ha ido reuniendo con gentes de diversos ambientes a fin de mantener unas conversaciones abiertas sobre sus vidas y sus trabajos. A continuación, en orden alfabético por el apellido, un listado de muchas de las personas con las que Brian ha mantenido unas conversaciones basadas en la curiosidad. Es una lista tan completa como la memoria y las notas permiten, los autores piden perdón por las posibles omisiones. Brian ha hablado con tanta gente durante más de treinta y cinco años y ha analizado tantos temas que sería imposible haber incluido todos ellos, pero cada una de esas conversaciones ha aportado inspiración para el debate sobre la creatividad y la narración de este libro, y para el trabajo de Brian.

50 Cent: músico, actor, empresario.

Joan Abrahamson: presidente del Instituto Jefferson de investigación y educación, ganador de la beca de investigación MacArthur.

Paul Neal «Red» Adair: bombero de pozos de petróleo, pionero en apagar pozos de petróleo en Kuwait.

Roger Ailes: presidente del canal de televisión Fox News.

Doug Aitken: artista multimedia.

Muhammad Ali: boxeador profesional de peso pesado, tres veces campeón mundial en su categoría.

John Allman: neurocientífico, experto en cognición humana.

Gloria Allred: abogada de derechos civiles.

Brad Anderson: presidente ejecutivo de Best Buy.

Chris Anderson: organizador de las conferencias TED.

Philip Anschutz: empresario, cofundador de la Major League Soccer (Gran liga de Futbol Americano), inversor en múltiples deportes profesionales.

David Ansen: antiguo editor de *Newsweek*.

Rose Apodaca: periodista de estilo, especializada en moda, cultura pop.

Bernard Arnault: presidente y director ejecutivo de LVMH (*Louis Vuitton Moët Hennessy*).

Rebecca Ascher-Walsh: periodista, escritora.

Isaac Asimov: bioquímico, escritor de ciencia ficción.

Reza Aslan: escritor e investigador de estudios religiosos.

Tony Attwood: psicólogo, autor de libros sobre el síndrome de Asperger.

Lesley Bahner: responsable de la campaña presidencial de Reagan-Bush 1984.

F. Lee Bailey: abogado legendario que defendió a Patricia Hearst y Sam Sheppard.

Evan Bailyn: experto en la optimización de buscadores, autor de Outsmarting Google.

Letitia Baldrige: especialista en etiqueta y protocolo, secretaria personal de Jacqueline Kennedy.

Bob Ballard: oceanógrafo, explorador, arqueólogo submarino, descubridor del Titanic.

David Baltimore: biólogo, premio Nobel.

Richard Bangs: explorador, escritor, personaje televisivo.

Tyra Banks: modelo, azafata de TV.

Barry Barish: físico experto en ondas gravitatorias.

Colette Baron-Reid: experta en intuición.

John C. Beck: especialista comercial en comunicaciones por teléfono móvil, escritor.

Yves Béhar: diseñador industrial, empresario, abogado experto en sostenibilidad.

Harold Benjamin: director de los centros Wellness Community para enfermos de cáncer.

Steve Berra: patinador profesional (skateboarder), creador de la popular página web The Berrics.

Jeff Bewkes: presidente y director ejecutivo de Time Warner.

Jeff Bezos: fundador y director ejecutivo de Amazon, propietario del *Washington Post.*

Jason Binn: creador de la revista *DuJour,* asesor jefe de Gilt Groupe, editor de *Getty WireImage.*

Ian Birch: director de desarrollo de proyectos de Hearst Magazines, antiguo editor de la revista *US.*

Peter Biskind: crítico cultural, historiador de cine, escritor, antiguo editor ejecutivo de la revista *Premiere.*

Edwin Black: historiador y periodista especializado en derechos humanos y abuso empresarial.

Keith Black: jefe del Departamento de Neurocirugía del Cedars-Sinari Medical Center de Los Ángeles, especializado en el tratamiento de tumores cerebrales.

David Blaine: mago, ilusionista, artista.

Keith Blanchard: fundador y editor de *Maxim.*

Alex Ben Block: periodista, antiguo editor de *The Hollywood Reporter.*

Sherman Block: *sheriff* del condado de Los Ángeles de 1982 a 1998.

Michael Bloomberg: alcalde de la ciudad de Nueva York de 2002 a 2013, creador del servicio de información financiera Bloomberg.

Tim Blum: cofundador de la galería de arte contemporáneo Blum & Poe.

Adam Bly: creador de la revista *Seed,* especializada en vincular ciencia y sociedad.

Alex Bogusky: diseñador, ejecutivo publicitario, corredor de bolsa, escritor.

David Boies: abogado representante del Departamento de Justicia Norteamericano en el juicio contra Microsoft, de Al Gore en el juicio de Bush contra Gore.

Mark Borovitz: rabino, exconvicto, director de un centro de asistencia para el tratamiento de exconvictos y drogadictos.

Anthony Bozza: periodista musical y escritor. Articulista de la revista *Rolling Stone.*

William Bratton: inspector jefe de Policía en la ciudad de Nueva York.

Eli Broad: filántropo, empresario y coleccionista de arte.

John Brockman: agente literario, escritor, creador de la Edge Foundation.

Bradford Brown: traductor de la obra *The Book of Five Rings (El libro de los cinco anillos)*, el tratado de un samurái sobre estrategia militar.

Roy Brown: músico, compositor.

Tim Brown: director ejecutivo de la empresa de diseño IDEO.

Willie Brown: antiguo alcalde de la ciudad de San Francisco que durante quince años fue presidente de la California State Assembly.

Tiffany Bryan: concursante del programa de telerrealidad *Fear Factor*.

Jane Buckingham: experto en pronósticos meteorológicos.

Ted Buffington: experto en actuaciones bajo control y toma de decisiones en situaciones críticas.

Vincent Bugliosi: fiscal de distrito en Los Ángeles que procesó a Charles Manson, coautor del libro *Helter Skelter*, sobre la familia Manson.

Ed Bunker: criminalista y autor de obras de ficción criminalistas.

Tory Burch: diseñador de moda.

James Burke: director ejecutivo de Johnson & Johnson durante la crisis del Tylenol en 1982.

Cara-Beth Burnside: pionera de mujeres patinadoras de skateboard y snowboard.

Chandler Burr: periodista, escritor, comisario de arte olfativo del Museo de Arte y Diseño de la ciudad de Nueva York.

Eugenia Butler, Sr.: tratante y coleccionista de arte.

James T. Butts Jr.: alcalde de Inglewood, exjefe de Policía de Santa Mónica.

David Byrne: músico, miembro fundador del grupo musical Talking Heads.

Naomi Campbell: supermodelo, actriz.

Adam Carolla: creador de archivos de radio *online*, *podcaster*, antiguo presentador del programa de radio *Loveline*.

John Carroll: periodista, antiguo editor de *Los Angeles Times* y del *Baltimore Sun*.

Sean B. Carroll: biólogo especializado en biología evolutiva del desarrollo, genetista.

Mr. Cartoon: artista de grafitis y tatuajes.

Carlos Castaneda: antropólogo, escritor especialista en chamanismo.

Celerino Castillo III: agente de la Agencia para el Control de Drogas que reveló la implicación de la CIA en el narcotráfico en Sudamérica.

Brian Chesky: cofundador y presidente ejecutivo de Airbnb.

Deepak Chopra: escritor, medico, defensor de la medicina alternativa.

Michael Chow: restaurador.

Chuck D: músico, productor musical, exlíder del grupo Public Enemy.

Steve Clayton: investigador para Microsoft de Eldridge Cleaver, líder del grupo Pantera Negra quien escribió *Soul on Ice (Alma encadenada).*

Johnnie Cochran: abogado que defendió a O. J. Simpson.

Jared Cohen: director de Google Ideas.

Joel Cohen: especialista demográfico, biólogo.

Kat Cohen: orientador y asesor universitario, autor del libro *The Truth About Getting In. (La verdad sobre conseguir conectar).*

William Colby: director de la CIA de 1973 a 1976.

Elizabeth Baron Cole: nutricionista.

Jim Collins: consultor de gestiones, experto en empresas y gestiones, autor de *Good to Great. (De bueno a excelente).*

Robert Collins: neurólogo, antiguo jefe del Departamento de Neurología de la Facultad de Medicina de UCLA.

Sean Combs: músico, productor musical, diseñador de moda, empresario.

Richard Conniff: escritor especializado en comportamiento humano y animal.

Tim Cook: director ejecutivo de Apple, Inc.

Tatiana Cooley-Marquardt: ganadora repetidas veces del USA Memory Championship.

Anderson Cooper: periodista, escritor, personaje televisivo, presentador del programa de la CNN *Anderson Cooper 360.*

Norman Cousins: médico gurú, autor del libro *Anatomía de una enfermedad,* Ed. Kairós.

Jacques Cousteau: oceanógrafo, pionero en la conservación marina.

Chris W. Cox: director de la Asociación Nacional del Rifle.

Steve Coz: antiguo editor de *National Enquirer.*

Donald Cram: profesor universitario de Química en UCLA, premio Nobel de Química.

Jim Cramer: inversor, escritor, personaje televisivo, presentador del programa de la cadena CNBC *Mad Money.*

Clyde Cronkhite: especialista en justicia criminal, exjefe de Policía de Santa Ana, exjefe de Policía de Los Ángeles.

Mark Cuban: inversor, propietario del equipo Dallas Mavericks de la NBA.

Heidi Siegmund Cuda: periodista, antigua crítica musical de *Los Angeles Times.*

Thomas Cummings: especialista en diseño de organizaciones de alto rendimiento y cambios estratégicos en la Escuela de Negocios Marshall de la USC.

Fred Cuny: especialista en operaciones de socorro.

Mario Cuomo: gobernador de Nueva York, 1983-1994.

Alan Dershowitz: abogado, experto en derecho constitucional, profesor emérito de la Facultad de Derecho de Harvard.

Donny Deutsch: ejecutivo publicitario, personaje televisivo.

Jared Diamond: biólogo evolucionista, escritor, profesor universitario en UCLA, ganador de un premio Pulitzer.

Alfred «Fred» DiSipio: pionero musical radiofónico investigado por el escándalo Payola, músico, actor.

Thomas R. Donovan: antiguo director ejecutivo de Chicago Board of Trade.

Jack Dorsey: cofundador de Twitter, fundador y director ejecutivo de Square Inc.

Steve Drezner: especialista en sistemas analíticos y proyectos armamentísticos en RAND Corporation.

Ann Druyan: autora y productora especializada en cosmología y ciencia popular.

Marian Wright Edelman: fundadora y presidenta de Children's Defense Fund.

Betty Edwards: autora de *Dibujar con la parte derecha del cerebro.* Ed. Urano.

Peter Eisenhardt: astrónomo, físico de la Nasa en el laboratorio Jet Propulsion.

Paul Ekman: psicólogo, pionero en el estudio sobre las emociones y su relación con las expresiones faciales.

Anita Elberse: profesora de Administración de la Escuela de Negocios de Harvard.

Eminem: músico, productor musical, actor.

Selwyn Enzer: futurista, exdirector de la USC (Centro Investigaciones futuras).

Susan Estrich: abogada, escritora, primera mujer al frente de una campaña electoral presidencial (la de Michael Dukakis).

Harold Evans: periodista, escritor, antiguo editor del *Sunday Times*.

Ron W. Fagan: sociólogo, exprofesor de la Pepperdine University.

Barbara Fairchild: editora de *Bon Appétit* del 2000 al 2010.

Shepard Fairey: artista, diseñador gráfico, ilustrador.

Linda Fairstein: escritora, antigua fiscal de delitos sexuales en la oficina del distrito de Manhattan.

John Fiedler: director de investigación y comunicación en la campaña presidencial de 1984 de Reagan y Bush.

Louis C. Finch: Antigua subsecretaria adjunta de defensa en el Departamento de Defensa Norteamericano.

Henry Finder: director editorial del *New Yorker*.

Ted Fishman: periodista, autor del libro *China, S. A.: Cómo una nueva potencia mundial desafía al mundo*. Ed. Debate, 2005.

John Flicker: expresidente y director ejecutivo de National Audubon Society.

William Ford Jr.: director de la Ford Motor Company y bisnieto de Henry Ford.

Matthew Freud: presidente de Freud Communications y bisnieto de Sigmund Freud.

Glen Friedman: fotógrafo que trabajo sobre todo con patinadores, músicos y artistas, autor de *Fuck You Heroes*.

Bonnie Fuller: periodista, ejecutiva de medios de comunicación, editora de HollywoodLife.com.

Bob Garcia: coleccionista de cartas de béisbol.

Howard Gardner: psicólogo del desarrollo, desarrolló la teoría de la inteligencia múltiple.

Daryl F. Gates: jefe de Policía de Los Ángeles, 1978-1992.

Vince Gerardis: empresario.

David Gibson: filósofo, erudito experto en Platón.

Françoise Gilot: pintora, autora de *Vida con Picasso*, Ed. Elba.

Malcolm Gladwell: escritor, periodista, escritor en plantilla del *New Yorker*.

Rebecca Glashow: ejecutiva de medios de comunicación digitales, colaboradora en el primer proyecto de videos bajo demanda.

Sheldon Glashow: físico teórico, profesor emérito de la Universidad de Harvard, premio Nobel de Física.

Bernard Glassman: maestro zen, cofundador de la organización Zen Peacemaker Order.

Barry Glassner: presidente de Lewis & Clark College, antiguo vicerector de la USC (Universidad del sur de California).

John Goddard: aventurero, escritor, primer hombre en recorrer el río Nilo en kayak.

Russell Goldsmith: director ejecutivo de City National Bank.

Adam Gopnik: escritor en plantilla del *New Yorker* y autor de *Paris to the Moon*.

Andrew Gowers: antiguo editor del *Financial Times*.

Robert Graham: escultor.

Brian Greene: físico teórico, profesor de la Universidad de Columbia, especialista en la teoría de las cuerdas.

Robert Greene: escritor y conferenciante, conocido por sus libros sobre estrategia, poder y seducción.

Linda Greenhouse: periodista, antigua corresponsal en Nueva York de la Corte Suprema de EE. UU., ganadora del Premio Pulitzer.

Lisa Gula: científica, trabajó en XonTech en los sistemas de defensa antimisiles.

Sanjay Gupta: neurocirujano, jefe médico corresponsal en la CNN.

Ramón A. Gutiérrez: profesor de Historia en la Universidad de Chicago, especialista en relaciones étnicas y raciales en EE. UU.

Joseph T. Hallinan: periodista, escritor, ganador del Premio Pulitzer por sus reportajes de investigación.

Dean Hamer: genetista, científico emérito en el National Cancer Institute, especializado en el cómo los genes afectan al comportamiento humano.

Dian Hanson: editor de revistas pornográficas, editor de libros de arte de Taschen editorial.

Tom Hargrove: científico agrónomo, fue secuestrado por la FARC, la guerrilla colombiana. Inspiró la película *Prueba de vida.*

Mark Harris: periodista, antiguo editor jefe de la revista *Entertainment Weekly.*

Sam Harris: neurocientífico, autor de *El fin de la fe,* Ed. Paradigma.

Bill Harrison: especialista en la vista, experto en la visión deportiva para maximizar los reflejos del ojo-cuerpo-mente.

Reed Hastings: cofundador y director ejecutivo de Netflix.

Laura Hathaway: coordinadora de American Mensa International.

Zahi Hawass: arqueólogo, egiptólogo, antiguo ministro de Asuntos Exteriores para antigüedades egipcias.

John Hay: masón.

Lutfallah Hay: antiguo miembro parlamentario en el Irán prerrevolucionario, masón.

Susan Headden: antigua reportera y editora de *U.S. News & World Report,* ganadora de un Premio Pulitzer por un trabajo periodístico de investigación.

Jack Healey: activista de derechos humanos, antiguo director de Amnistía Internacional en EE. UU.

Thomas Heaton: sismólogo, profesor del Instituto Tecnológico de California, contribuyó en el desarrollo de los primeros sistemas de detección de terremotos.

Peter Herbst: periodista, exeditor de las publicaciones *Premiere* y *New York.*

Danette Herman: director representante artístico de los Premios de la Academia de Hollywood.

Seymour Hersh: reportero de investigación, escritor, ganador de un premio Pulitzer por su trabajo sobre la masacre de My Lai y la guerra de Vietnam.

Dave Hickey: crítico de arte y cultura, colaborador de las revistas *Harper's, Rolling Stone,* y *Vanity Fair.*

Jim Hightower: activista político de índole progresista, presentador de programas radiofónicos de entrevistas.

Tommy Hilfiger: diseñador de modas, creador de una marca de estilo de vida.

Christopher Hitchens: periodista y escritor crítico sobre política y religión.

David Hockney: artista y gran figura en el movimiento Pop Art de los años sesenta.

Nancy Irwin: hipnoterapeuta.

Chris Isaak: músico, actor.

Michael Jackson: cantante, letrista, su álbum discográfico *Thriller* ha sido el más vendido de todos los tiempos.

LeBron James: jugador de baloncesto en la NBA.

Mort Janklow: agente literario, fundador y presidente de la agencia literaria Janklow & Nesbit Associates.

Jay Z: músico, productor musical, diseñador de moda, empresario.

Wyclef Jean: músico, actor.

James Jebbia: director ejecutivo de la marca de ropa Supreme.

Harry J. Jerison: paleoneurólogo, profesor emérito en UCLA.

Steve Jobs: cofundador y exdirector ejecutivo de Apple Inc., cofundador y exdirector ejecutivo de Pixar.

Betsey Johnson: diseñador de moda.

Jamie Johnson: director de documentales, heredero natural de la empresa Johnson & Johnson.

Larry C. Johnson: exanalista de la CIA, consejero de seguridad y antiterrorismo.

Robert L. Johnson: hombre de negocios, magnate de medios de comunicación, cofundador y expresidente de BET (empresa dedicada al mundo del juego y las apuestas).

Sheila Johnson: cofundadora de BET, primera mujer afroamericana propietaria de tres equipos deportivos profesionales.

Steve Johnson: teórico de los medios de comunicación, escritor de ciencia popular, cocreador de la publicación *online* FEED.

Jackie Joyner-Kersee: atleta, ganadora olímpica de una medalla de oro.

Paul Kagame: presidente de Ruanda.

Michiko Kakutani: crítica literaria en *The New York Times,* ganadora de un premio Pulitzer.

Sam Hall Kaplan: excrítico de arquitectura en *Los Angeles Times.*

Masoud Karkehabadi: niño prodigio que se graduó como universitario a los trece años.

Patrick Keefe: escritor, colaborador en plantilla del *New Yorker.*

Gershon Kekst: fundador de la empresa de comunicaciones Kekst and Co.

Jill Kelleher: promotor deportivo, fundador y director ejecutivo de Kelleher & Associates.

Robin D. G. Kelley: historiador y profesor en UCLA, especialista en estudios afroamericanos.

Sheila Kelley: actriz y bailarina, fundadora de la academia de danza S Factor pole.

Philip Kellman: psicólogo cognitivo y profesor en UCLA, especialista en aprendizaje adaptativo y perceptivo.

Joseph Kennedy II: hombre de negocios, político del partido demócrata, fundador de Citizens Energy Corp., hijo del senador Robert F. Kennedy y de Ethel Kennedy.

Gayle King: editor de *O, The Oprah Magazine,* copresentador de *CBS This Morning.*

Alex Kipman: miembro del equipo técnico de Microsoft, coinventor de Kinect para la empresa Xbox.

Robert Kirby: kinesiólogo, estudioso de la ciencia de la medicina muscular.

Henry Kissinger: exsecretario de Estado estadounidense, ganador del Premio Nobel de la Paz.

Calvin Klein: diseñador de moda.

Elsa Klensch: periodista, crítica de moda, expresentadora del programa de la CNN *Style with Elsa Klensch.*

Phil Knight: cofundador, presidente y exdirector ejecutivo de Nike Inc.

Beyoncé Knowles: música, cantante, actriz.

Christof Koch: neurocientífico y profesor del Instituto Tecnológico de California, especialista en consciencia humana.

Clea Koff: antropólogo forense, trabajó en Naciones Unidas para desvelar el genocidio de Ruanda.

Stephen Kolodny: abogado, especialista en derecho familiar.

Rem Koolhaas: arquitecto, profesor de la Escuela de Diseño de Harvard.

Jeff Koons: artista.

Jesse Kornbluth: periodista, editor de servicios culturales.

Richard Koshalek: exdirector del Museo de Arte Contemporáneo de Los Ángeles.

Mark Kostabi: artista, compositor.

Anna Kournikova: extenista profesional.

Lawrence Krauss: físico teórico, cosmólogo, profesor de la Universidad de Arizona.

Steve Kroft: periodista, corresponsal del programa *60 Minutes* de la CBS.

William LaFleur: escritor, profesor de la Universidad de Pensilvana, especializado en cultura japonesa.

Steven Lamy: profesor de relaciones internacionales de la USC, Universidad del Sur de California.

Lawrence Lawler: exagente especial en las oficinas locales del FBI en Los Ángeles.

Nigella Lawson: periodista, escritora, gastrónoma, presentadora de TV.

Sugar Ray Leonard: boxeador profesional, ganador de títulos mundiales en cinco categorías.

Maria Lepowsky: antropóloga, profesora de la Universidad de Wisconsin-Madison, vivió con los indígenas de la Papúa Nueva Guinea.

Lawrence Lessig: activista en pro de la libertad de Internet y redes sociales, profesor de la Facultad de Derecho de Harvard.

Cliff Lett: corredor profesional de coches, diseñador de coches controlados por radio.

Robert A. Levine: execonomista de RAND Corporation.

Ariel Levy: periodista, colaborador en plantilla de la revista *New York*.

Dany Levy: creador de la publicación *online DailyCandy*.

Roy Lichtenstein: artista pop.

John Liebeskind: exprofesor en UCLA, investigador líder en el estudio del dolor y su vinculación con la salud.

Alan Lipkin: exagente especial del Departamento de Investigación Criminal de IRS.

Margaret Livingstone: neurobiólogo especializado en la vista, profesor en la Facultad de Medicina de la Universidad de Harvard.

Tone Lōc: músico, actor.

Elizabeth Loftus: psicóloga cognitivista y especialista en memoria humana, profesora en la Universidad de California.

Lisa Love: directora de *Vogue* y *Teen Vogue* en la Costa Oeste de EE. UU.

Jim Lovell: astronauta de la era Apolo, comandante de la nave accidentada Apolo 13.

Thomas Lovejoy: ecologista, profesor de la Universidad George Mason, exvicesecretario de Medio Ambiente y Asuntos Exteriores de la Smithsonian Institution, especialista en deforestación tropical.

Malcolm Lucas: presidente del Tribunal de la Corte Suprema de California, 1987-1996.

Oliver Luckett: fundador y director ejecutivo de contenidos sociales de Audience.

Frank Luntz: consultor político y encuestador.

Peter Maass: escritor, periodista especializado en asuntos internacionales, guerras y conflictos sociales.

Norman Mailer: escritor, dramaturgo, director de cine, periodista, cofundador de *Village Voice*.

Sir John Major: primer ministro del Reino Unido, 1990-1997.

Michael Malin: astrónomo, diseñador, creador de cámaras utilizadas para explorar Marte.

P. J. Mara: exsenador irlandés y consejero político del primer ministro irlandés Charles Haughey.

Lou Marinoff: filósofo, realizó estudios sobre la teoría de la decisión y filosofía política, profesor en el City College de Nueva York.

Thom Mayne: arquitecto, cofundador de la empresa de arquitectura Morphosis.

John McCain: senador norteamericano del estado de Arizona, nominado a presidente del partido republicano en 2008.

Terry McAuliffe: gobernador del estado de Virginia, expresidente del Comité Democrático Nacional.

Kevin McCabe: economista teórico, neuroeconomista, profesor de la Universidad George Mason.

Susan McCarthy: exgerente de la ciudad de Santa Mónica.

Susan McClary: musicóloga que combina la musicología con la crítica musical feminista, profesora de la Case Western Reserve University.

Terry McDonell: editor, ejecutivo de medios de comunicación, exeditor jefe de *Esquire*.

Paul McGuinness: exlíder del grupo musical U2.

Robert McKee: profesor de escritura creativa, exprofesor de la Universidad de Carolina del Sur.

Daniel McLean: profesor universitario en UCLA, especialista en clásicos.

Bruce McNall: ejecutivo del mundo del deporte, expropietario del equipo Los Angeles Kings de la Liga Nacional de Hockey.

Leonard Mehlmauer: naturópata, investigador creador del término «eyology» (tratado de los ojos).

Sonny Mehta: director y editor jefe de la editorial Alfred A. Knopf.

Steven Meisel: fotógrafo de modas.

Susan Meiselas: fotógrafa documentalista.

Suzy Menkes: periodista británica, escritora, excorresponsal de moda y editora de *International Herald Tribune*.

Millard «Mickey» Drexler: director ejecutivo y presidente de J. Crew, expresidente y director de Gap.

Jack Miles: editor, escritor, ganador de un premio Pulitzer, receptor de una beca MacArthur Fellowship.

Marvin Mitchelson: abogado divorcista de celebridades, pionero en el concepto de pensión alimentaria.

Isaac Mizrahi: diseñador de modas.

Tim Montgomery: corredor olímpico que perdió su récord mundial al ser hallado culpable de dopaje.

Robert Morgenthau: el abogado del distrito de Manhattan con más años de servicio.

Patrick B. Moscaritolo: director general de Greater Boston Convention & Visitors Bureau.

Kate Moss: supermodelo, diseñadora de modas.

Lawrence Moulter: expresidente y director general de New Boston Garden Corporation.

Bill Moyers: periodista, comentarista político, exsecretario de Prensa de la Casa Blanca.

Robert Mrazek: escritor, congresista.

Patrick J. Mullany: exagente especial del FBI, pionero en perfilación criminal en el FBI.

Kary Mullis: bioquímico, premio Nobel en Química por sus trabajos en el ADN.

Takashi Murakami: artista, pintor, escultor.

Blake Mycoskie: empresario, filántropo, fundador y director de zapatos TOMS.

Nathan Myhrvold: exinspector tecnológico de Microsoft.

Ed Needham: exeditor de la revista *Rolling Stone* y editor jefe de *Maxim.*

Sara Nelson: cofundadora del instituto jurídico de interés público Christic Institute.

Benjamin Netanyahu: primer ministro de Israel.

Jack Newfield: periodista, escritor, excolumnista del *Village Voice.*

Nobuyuki «Nobu» Matsuhisa: chef y restaurador.

Peggy Noonan: creadora de discursos y ayudante especial del presidente Ronald Reagan, escritora, columnista del *Wall Street Journal.*

Anthony Norvell: escritor, especialista en metafísica.

Barack Obama: presidente de Estados Unidos, exsenador del estado de Illinois.

ODB: músico, productor musical, miembro fundador de Wu-Tang Clan.

Richard Oldenburg: exdirector del Museo de Arte Moderno de la ciudad de Nueva York.

Mary-Kate y Ashley Olsen: actrices, diseñadoras de modas.

Olu Dara & Jim Dickinson: músicos, productores de discos.

Estevan Oriol: fotógrafo cuyas obras suelen reflejar la cultura urbana de Los Ángeles.

Lawrence Osborne: periodista, autor del libro *American Normal: The Hidden World of Asperger Syndrome (La normalidad Americana: el mundo oculto del síndrome de Asperger).*

Manny Pacquiao: boxeador profesional, primer campeón del mundo en ocho categorías diferentes.

David Pagel: crítico de arte, escritor, conservador y profesor de historia del arte en Claremont College, especializado en arte contemporáneo.

Anthony Pellicano: investigador de alto nivel en Los Ángeles.

Robert Pelton: periodista en zonas de conflicto, autor de *The World's Most Dangerous Places (Los lugares más peligrosos del mundo).*

Andy Pemberton: exeditor jefe de la revista *Blender.*

David Petraeus: director de la CIA, 2011 y 2012, retirado como general del Ejército norteamericano.

Mariana Pfaelzer: jueza federal de EE. UU., se opuso a la proposición 186 de California.

Jay Phelan: biólogo evolucionista, profesor de UCLA.

Ann Philbin: directora del Museo de Arte Hammer, Los Ángeles.

Mark Plotkin: etnobotánico, escritor, experto en ecosistemas tropicales.

Christopher «moot» Poole: empresario de Internet, creador de los sitios web 4chan y Canvas.

Peggy Post: directora del Instituto Emily Post, escritora y asesora de protocolos y etiquetas.

Virginia Postrel: periodista política y cultural, escritora.

Colin Powell: secretario de Estado norteamericano de 2001 a 2005, expresidente del Estado Mayor Conjunto, exasesor del Consejo de Seguridad Nacional, general retirado del Ejército de EE. UU.

Ned Preble: exejecutivo de Synectics (Sinéctica) metodología para solucionar problemas de los procesos creativos.

Ilya Prigogine: químico, profesor en Austin de la Universidad de Texas, premio Nobel de química, autor de *El fin de las certidumbres: Tiempo, caos y nuevas leyes de la naturaleza.*

Prince: músico, productor musical, actor.

Wolfgang Puck: chef, restaurador, empresario.

Pussy Riot: Maria Alyokhina y Nadezhda Tolokonnikova, dos componentes del grupo punk ruso, pasaron un tiempo en la cárcel.

Steven Quartz: filósofo, profesor en el Instituto Tecnológico de California, especialista en los sistemas de valores del cerebro y en cómo interactúan con la cultura.

James Quinlivan: analista de la empresa RAND, especialista en introducir cambios tecnológicos en las grandes empresas.

William C. Rader: psiquiatra, administra inyecciones de células madre para afrontar diversas enfermedades.

Jason Randal: mago, mentalista.

Ronald Reagan: presidente de Estados Unidos de 1981 a 1989.

Sumner Redstone: magnate de medios de comunicación, presidente de CBS, presidente de Viacom.

Judith Regan: editora de libros.

Eddie Rehfeldt: director ejecutivo de la empresa de comunicaciones Waggener Edstrom.

David Remnick: periodista, escritor, editor del *New Yorker,* ganador de un premio Pulitzer.

David Rhodes: presidente de CBS News, exvicepresidente del departamento de noticias en Fox News.

Matthieu Ricard: monje budista, fotógrafo, autor de *Happiness: A Guide to Developing Life's Most Important Skill (Felicidad: desarrollar la habilidad más importante de la vida).*

Condoleezza Rice: secretaria de Estado de EE. UU. de 2005 a 2009, exasesora del Consejo de Seguridad Nacional, exrectora de la Universidad de Stanford, profesora de Economía Política en la Escuela de Negocios de Stanford.

Frank Rich: periodista, escritor, excolumnista del *The New York Times,* editor general de la revista *New York.*

Michael Rinder: activista y exalto cargo de la Escuela Internacional de Cienciología.

Richard Riordan: alcalde de Los Ángeles de 1993 a 2001, empresario.

Tony Robbins: entrenador vital, escritor, conferenciante motivacional.

Robert Wilson y Richard Hutton: abogados de defensa criminal.

Brian L. Roberts: presidente y director ejecutivo de Comcast Corporation.

Burton B. Roberts: juez presidencial administrativo en el Bronx de la Corte Suprema de Nueva York, sirvió de modelo a Tom Wolfe para un personaje de su novela *La hoguera de las vanidades.*

Michael Roberts: periodista de moda, director de arte y moda de la revista *Vanity Fair,* exdirector de la sección de moda de la publicación *New Yorker.*

Joe Robinson: conferenciante e instructor de productividad y equilibro en el binomio vida-trabajo.

Gerry Roche: director ejecutivo de Heidrick & Struggles, ejecutivo de una empresa especializada en hombres de negocios.

Aaron Rose: director de cine, comisario de exposiciones de arte, escritor.

Charlie Rose: periodista, entrevistador en programas de TV, presentador en la PBS.

Maer Roshan: escritor, empresario, editor, promotor de la publicación *Radar* y de la página web radaronline.com.

Pasquale Rotella: fundador de Insomniac Events, empresa que produce el festival de música Electric Daisy Carnival.

Karl Rove: consultor político republicano en EE. UU., director de la campaña presidencial de George W. Bush, consejero mayor y principal estratega político del presidente George Walker Bush.

Rick Rubin: productor musical, fundador de Def Jam Records.

Ed Ruscha: artista pop.

Salman Rushdie: novelista, autor de *Los niños de la medianoche* y *Versos satánicos,* entre otras obras; ganador del Booker Prize.

RZA: líder del grupo Wu-Tang Clan, músico, actor y productor musical.

Charles Saatchi: cofundador de las agencias publicitarias Saatchi & Saatchi y M&C.

Saatchi Jeffrey Sachs: economista, profesor en la Universidad de Columbia, director del Instituto de la Tierra de la Universidad de Columbia.

Oliver Sacks: neurólogo, escritor, profesor de la Facultad de Medicina de la Universidad de Nueva York.

Carl Sagan: astrónomo, astrofísico, cosmólogo, escritor, profesor de la Cornell University, narrador y coguionista de la serie *Cosmos* de la PBS TV.

Jonas Salk: científico, promotor de la primera vacuna de la polio, creador del Instituto Salk de Estudios Biológicos.

Jerry Saltz: crítico de arte de la revista *New York.*

James Sanders: estudioso del Antiguo Testamento y uno de los editores de *Dead Sea Scrolls (Manuscritos del mar Muerto).*

Shawn Sanford: director de *marketing* de Microsoft.

Robert Sapolsky: neuroendocrinólogo, profesor en la Facultad de Medicina de Stanford.

John Sarno: profesor de Medicina Rehabilitadora de la Facultad de Medicina de la Universidad de Nueva York.

Michael Scheuer: antiguo oficial de la CIA, exjefe de la unidad de seguimiento de Osama bin Laden en el centro antiterrorista de la CIA.

Paul Schimmel: antiguo responsable de conservación del Museo de Arte Contemporáneo de Los Ángeles.

Julian Schnabel: artista, director de cine.

Howard Schultz: director y presidente ejecutivo de la cadena Starbucks.

John H. Schwarz: físico teórico, profesor del Instituto Tecnológico de California, uno de los padres de la teoría de las cuerdas.

David Scott: astronauta en la era Apolo, primera persona que viajó a la Luna.

Mary Lynn Scovazzo: cirujana ortopédica, especialista en medicina del deporte.

Terrence Sejnowski: profesor, director del laboratorio de Neurobiología Computacional en el Instituto Salk de Estudios Biológicos.

Marshall Sella: periodista de *GQ, revista New York* y *The New York Times Magazine.*

Al Sharpton: sacerdote baptista, activista por los derechos civiles, presentador de un programa de entrevistas.

Daniel Sheehan: abogado de derecho constitucional e intereses públicos, cofundador del Instituto Crítico y fundador del Instituto Romero.

Mike Sheehan: jefe de Policía de la ciudad de Nueva York que llegó a ser corresponsal de noticias.

Yoshio Shimomura: especialista en cultura japonesa.

Ronald K. Siegel: psicofarmacólogo, escritor.

Michael Sigman: expresidente y editor de la revista *LA Weekly.*

Sanford Sigoloff: hombre de negocios, experto en reestructuración de empresas.

Ben Silbermann: empresario, cofundador y director ejecutivo de Pinterest.

Simon Sinek: exejecutivo publicitario, conferenciante motivacional, autor de *Start with Why: How Great Leaders Inspire Everyone to Take Action (Empieza con el porqué: Cómo los grandes líderes inspiran a los demás a entrar en acción)*.

Mike Skinner: músico, productor musical, líder del proyecto inglés hip hop The Streets.

Slick Rick: músico, productor musical.

Anthony Slide: periodista, escritor, especialista en historia del ocio popular.

Carlos Slim: empresario mexicano, inversor, filántropo.

Gary Small: profesor de Psiquiatría en la Facultad de Medicina de UCLA, director del Centro de Envejecimiento de UCLA.

Fred Smith: fundador, presidente y director ejecutivo de FedEx Corp.

Rick Smolan: cocreador de la colección de libros «Day in the Life» (El día en la vida), exfotógrafo de las publicaciones *National Geographic, Time* y *Life*.

Frank Snepp: periodista, exagente y analista de la CIA durante la guerra de Vietnam.

War Scott Snyder: escritor de relatos cortos y cómics.

Scott Andrew Snyder y Tracy Forman-Snyder: diseñadores y directores de Arkitip.

Johnny Spain: integrante del grupo «Los seis de San Quintín» que intentó fugarse de la prisión de San Quintín en 1971.

Gerry Spence: afamado abogado criminal que nunca perdió un caso.

Art Spiegelman: dibujante de cómics, ilustrador, creador Maus, ganador de un premio Pulitzer.

Eliot Spitzer: gobernador de Nueva York, 2007-2008, fiscal general del estado de Nueva York.

Peter Stan: analista y economista teórico en RAND.

Gwen Stefani: cantante, diseñadora de moda.

Howard Stern: personalidad de la radio y la televisión.

Cyndi Stivers: periodista, exeditora jefe de *Time Out New York*.

Biz Stone: cofundador de Twitter.

Neil Strauss: autor de *El método*.

Yancey Strickler: cofundador y director ejecutivo de Kickstarter.

James Surowiecki: periodista, empresario y columnista financiero del *New Yorker.*

Eric Sussman: profesor adjunto de la Escuela de Administración de UCLA, presidente de Amber Capital.

t.A.T.u.: dúo musical ruso.

André Leon Talley: patrocinador y exeditor general de *Vogue.*

Amy Tan: autora de *El club de la buena estrella.*

Gerald Tarlow: psicólogo clínico y terapeuta.

Ron Teeguarden: herborista, investigador de técnicas de curación asiáticas.

Edward Teller: físico teórico, padre de la bomba de hidrógeno.

Ed Templeton: patinador de skate profesional, fundador de la empresa de skateboard Toy Machine.

Margaret Thatcher: primera ministra del Reino Unido de 1979 a 1990.

Lynn Tilton: inversora, empresaria, fundadora y presidenta ejecutiva de Patriarch Partners.

Justin Timberlake: músico, actor.

Jeffrey Toobin: periodista, escritor, abogado, escritor de plantilla en el *New Yorker,* analista principal de la CNN.

Abdullah Toukan: director ejecutivo del centro Strategic Analysis and Global Risk Assessment (SAGRA).

Jordan Robert Trivers: biólogo evolucionista, profesor de la Rutgers University.

Richard Turco: científico ambiental, profesor emérito en UCLA, ganador de la beca MacArthur Fellowship.

Ted Turner: magnate de la comunicación, fundador de la CNN.

Richard Tyler: diseñador de moda.

Tim Uyeki: epidemiólogo del U.S. Centers for Disease Control and Prevention (Centros norteamericanos para el control y prevención de la enfermedad).

Craig Venter: bioquímico, genetista, empresario, uno de los primeros científicos en determinar la secuencia del genoma humano.

René-Thierry Magon de la Villehuchet: aristócrata francés, corredor de divisas, uno de los fundadores de Access International Advisors implicado en el escándalo Madoff.

Bill Viola: artista de vídeo en cuyos trabajos explora los estados de la consciencia.

Jefferson Wagner: antiguo concejal de Malibú, propietario de Zuma Jay Surfboards.

Rufus Wainwright: músico.

John Walsh: historiador de arte, conservador, antiguo director del Museo Paul Getty.

Andy Warhol: artista pop.

Robert Watkins: empresario, director de la U.S. Rugby Foundation.

Kenneth Watman: analista de la empresa RAND, especialista en defensa estratégica y disuasión nuclear.

James Watson: biólogo molecular, genetista, zoólogo, codescubridor del ADN, premio Nobel de Medicina.

Andrew Weil: físico, naturópata, profesor, escritor de salud holística.

Jann Wenner: cofundador de la revista *Rolling Stone,* propietario del *Men's Journal* y del *US Weekly.*

Kanye West: músico, productor musical, diseñador de moda.

Michael West: gerontólogo, emprendedor, investigador en células madre, trabaja en medicina regenerativa.

Floyd Red Crow Westerman: músico, activista político, defensor de los pueblos nativos americanos.

Vivienne Westwood: diseñadora de modas que desarrolló el punk modern y la moda de la new wave.

Peter Whybrow: psiquiatra, endocrinólogo, investiga en las hormonas y la depresión maníaca.

Hugh Wilhere: portavoz de la Iglesia de la cienciología.

Pharrell Williams: músico, productor musical, diseñador de moda.

Serena Williams: tenista profesional.

Willie L. Williams: antiguo jefe de Policía de Los Ángeles.

Marianne Williamson: maestra espiritual, gurú de la llamada Nueva Era.

Ian Wilmut: embriólogo, lideró el equipo de investigadores que clonó con éxito el primer mamífero (la oveja Dolly).

E. O. Wilson: biólogo, escritor, profesor emérito de la Universidad de Harvard, dos veces ganador del premio Pulitzer.

Oprah Winfrey: fundadora y presidenta de Oprah Winfrey Network, actriz, escritora.

George C. Wolfe: dramaturgo, director de teatro, dos veces ganador del Premio Tony.

Steve Wozniak: cofundador de Apple Inc., diseñador de los ordenadores Apple I y Apple II, inventor.

John D. Wren: presidente y director ejecutivo *marketing* y comunicaciones en la empresa Omnicom.

Will Wright: diseñador de juegos electrónicos, creador de la ciudad de los Sim en Los Sims.

Steve Wynn: empresario, magnate de un casino de Las Vegas.

Gideon Yago: escritor, antiguo corresponsal de *MTV News.*

Eitan Yardeni: profesor y consejero espiritual en Kabbalah Centre.

Daniel Yergin: economista, autor de *La historia del petróleo. La lucha voraz por el dinero y el poder,* ganador del Premio Pulitzer.

Dan York: director de contenidos de DirecTV, antiguo director de contenidos y ventas publicitarias de la empresa AT&T.

Michael W. Young: genetista, profesor en la Universidad Rockefeller, especialista en el reloj biológico y ritmos circadianos.

Shinzen Young: profesor de mediación.

Eran Zaidel: neuropsicólogo, profesor en UCLA, especialista en la interacción hemisférica en el cerebro humano.

Howard Zinn: historiador, científico, profesor de la Universidad de Boston, autor de *A People's History of the United States (La otra historia de Estados Unidos).*

APÉNDICE

Cómo tener una conversación basada en la curiosidad

En Una mente curiosa hemos hablado de cómo usar las preguntas, cómo usar la curiosidad, para tener una vida mejor. Es posible que desees probar lo que yo hice, quizás desees mantener algunas conversaciones basadas en la curiosidad, sentarte con unas cuantas personas interesantes e intentar comprender de qué manera, diferente a la tuya, ven el mundo. Las conversaciones con curiosidad pueden ayudarte a tener una vida mejor, pueden hacer por ti lo que han hecho por mí, pueden ayudarte a salir de tu propio mundo, a ampliar tu perspectiva, a tener experiencias que tú solo no habrías tenido.

Primeras conversaciones

Cada uno tiene su propio estilo, pero yo recomendaría empezar cerca de casa. De hecho, eso es lo que yo hice. Piensa en tu círculo de amigos, parientes, conocidos y compañeros más cercano. Es posible que sean gente con experiencias fascinantes o muy diferentes, de educación, cultura o tipo de vida, o bien gente que trabaja en tu mismo tipo de trabajo pero en una rama diferente.

Ésa es una buena forma de comenzar, de sentir cómo funciona una conversación basada en la curiosidad. Dirígete a alguien y pregúntale si quedaría contigo para hablar durante unos veinte minutos, y especifícale de qué querrías hablar. «Siempre he tenido curiosidad por tu trabajo. Estoy intentando saber más sobre ese mundo y me pregunto si querrías dedicar unos minutos a hablar de ello conmigo, de los retos y de las satisfacciones que conlleva».

O...

«Siempre he sentido curiosidad por saber cómo has llegado a (aquí la profesión o el cargo que sea) y me pregunto si podrías conversar conmigo unos minutos acerca de lo que supone llegar donde estás, cuáles han sido los puntos clave de su carrera profesional».

Aquí tienes unos cuantos consejos para aplicar en el momento que alguien acepte hablar contigo, ya sea un familiar, un conocido o el amigo de un amigo:

Deja bien claro que lo que deseas es escuchar su historia, que no estás buscando un trabajo, que no quieres consejos sobre algo que te concierna a ti o a los objetivos a los que te enfrentas. Deja claro que sientes curiosidad por él o ella.

Aunque conozcas bien a la persona con la que vas a conversar, sé muy respetuoso, da a la ocasión un matiz de formalidad, pues deseas hablar de cosas que desconoces; ve bien vestido; sé puntual; aprecia el tiempo que te dedican desde el momento en que te sientas a charlar.

Piensa con antelación qué es lo que deseas extraer de la conversación, y en unas cuantas preguntas abiertas para que la persona pueda hablar de aquello que más te interesa: «¿Cuál fue tu primer éxito profesional?, ¿por qué decidiste decantarte por esto? (su trabajo, su carrera). Háblame de los mayores retos a los que tuviste que enfrentarte. ¿Qué ha sido lo que más te ha sorprendido? ¿Cómo fue que acabaste viviendo en... (ciudad, pueblo, país)? ¿Qué parte de lo que haces no aprecian las personas ajenas a tu medio?».

No te sientas esclavo de las preguntas que llevas preparadas, más bien lo contrario: escucha atentamente y sé un buen conversador. Toma nota mentalmente de lo que la persona te está diciendo y pregúntale cosas que amplíen la historia que está contando o las reflexiones que está haciendo.

No compartas tu historia personal o tus observaciones. Escucha. Haz preguntas. El objetivo es aprender lo máximo que puedas de la persona con la que hablas en el tiempo que tienes para hacerlo. Si eres tú el que habla, no tendrás tiempo para aprender del otro.

Respeta el tiempo de la otra persona sin que tengas que cortar de manera innecesaria una magnífica conversación. Aunque todo marche bien, cuando el tiempo asignado haya transcurrido, estaría bien decir algo como: «No quiero quitarte tiempo, ya han pasado veinte minutos», o «Ya han pasado veinte minutos, quizás tienes que marcharte». Por lo general la gente dice: «Me está gustando, puedo concederte unos minutos más».

Sé agradecido. No des simplemente las gracias, haz un cumplido en torno a la conversación, como por ejemplo «Ha sido muy interesante». Envía un breve correo electrónico dando las gracias, y quizás destacando una historia o una anécdota que te gustó especialmente o que te pareció especialmente esclarecedora. En ese correo de agradecimiento no debes pedir nada más, debe redactarse de modo que la persona a la que va dirigido no tenga que responder a él.

Conversaciones con curiosidad más allá de tu círculo

Las conversaciones con gente fuera de tu círculo más próximo, o con extraños a los que resulta difícil acceder, pueden ser fascinantes, incluso emocionantes.

¿A quién acercarte? Piensa en tus intereses, ya sea en un equipo de fútbol, en astrofísica o en gastronomía, seguramente en tu comunidad hay expertos locales. Cuando leas un periódico o las noticias locales, presta atención a las personas que más te impactan. Investiga en los especialistas que hay en tu universidad local.

Programar conversaciones con personas de fuera de nuestro círculo habitual requiere mayor planificación y discreción.

En primer lugar, una vez has identificado quién es la persona con la que deseas sentarte a hablar durante veinte minutos, piensa si conoces a alguien que pueda conocer a su vez a esa persona. Ponte en contacto con la persona que conoces, explícale con quién quieres hablar y pregúntale si puedes utilizar su nombre. Un correo que empiece diciendo: Le escribo por sugerencia de (el conocido mutuo), crea confianza inmediata.

Si estás intentado acceder a alguien que está totalmente alejado de tu círculo, utiliza tus propias credenciales y expón abiertamente tu interés. Por ejemplo: «Soy vicepresidente del hospital local y desde siempre he estado muy interesado por la astronomía. Me preguntaba si estaría usted dispuesto a emplear unos veinte minutos de su tiempo en hablar conmigo sobre su trabajo y el estado actual de esta temática. Me doy cuenta de que usted no me conoce, pero le escribo partiendo de la más genuina curiosidad: tan sólo pretendo mantener una conversación de veinte minutos, de la manera que le sea más conveniente».

Es posible que recibas noticias de un ayudante pidiéndote más información, y habrá quien encuentre tu petición un tanto inusual. Explica qué es lo que deseas, deja bien claro que no buscas un trabajo, ni consejo, ni cambiar de profesión, que simplemente estás intentando comprender un poco a alguien que ha conseguido unos objetivos reales en un campo que te interesa sobremanera.

Si consigues una cita, asegúrate de leer todo lo que puedas sobre la persona a la que vas a ver, y también sobre lo que hace. Eso te ayudará a realizar preguntas interesantes sobre su carrera o sus aficiones. Guarda los límites: sé respetuoso con la privacidad de la gente.

Presta atención no sólo a lo que la gente te dice, sino a cómo lo dice. Con frecuencia, el tono empleado aporta mucha información en el modo en que se responde una pregunta o se cuenta una historia.

Los consejos sobre las conversaciones se aplican a partir de la propia experiencia en esas primeras charlas. Prepara las preguntas de antemano, pero deja que la charla fluya según lo que vas sabiendo; sé respetuoso con el tiempo; sé agradecido en persona y a través de un breve correo electrónico. Si ha sido un ayudante el que te ha conseguido la cita, recuerda incluirlo en tu correo de agradecimiento.

Curiosidad sobre la marcha

Descubrirás que a la gente le encanta hablar de ella misma, de su trabajo, de sus retos, del modo en que llegó a estar donde está. La parte más difícil es el comienzo en sí. En una conversación formal, aconsejo no tomar notas, el objetivo está en que sea una buena conversación. Tomar notas puede hacer que la gente se sienta incómoda, pero una vez dejas la oficina de la persona, es útil dedicar unos minutos a pensar qué ha sido lo más sorprendente de la conversación, cómo era la personalidad del individuo y el tono que empleó en comparación con aquello que habías imaginado; qué opciones tomó que consideras diferentes a las que tú habrías tomado en esas mismas circunstancias.

Y claro que no es necesario realizar las conversaciones basadas en la curiosidad en un lugar formal. Uno conoce gente todo el tiempo: es probable que la persona que se sienta a tu lado en un avión o en un banquete de boda tenga una historia fascinante que contarte y provenga de un mundo muy diferente al tuyo. Lo único que tienes que hacer es sonreír, presentarte e iniciar una conversación: «Hola, soy Brian, trabajo en el mundo del cine, ¿a qué se dedica usted?».

Recuerda que si estás intentando aprender algo, debes hacer preguntas y escuchar las respuestas, y no hablar sobre ti.

Conversaciones con curiosidad 2.0: La curiosidad en una fiesta

Puedes aplicar los puntos anteriores y ampliarlos en un grupo en el que seas el anfitrión. Piensa en dos o tres amigos o conocidos interesantes, pueden ser personas que se conozcan entre sí o no, preferiblemente de profesiones y trabajos diversos y de diferentes procedencias.

Invita a esas personas y pídeles que a su vez inviten a dos o tres conocidos o amigos suyos interesantes. El resultado será un grupo de personas selectas que están interconectadas pero que son diferentes entre sí.

La fiesta puede ser tan formal o informal como gustes, pero debe ser un lugar propicio para que la gente se mezcle. Usa los consejos anteriores sobre cómo iniciar una conversación y anima a que cada persona se deje llevar por su propia curiosidad, haga preguntas, escuche y aprenda de los demás.

Agradecimientos

Brian Grazer. El periodista Charlie Rose fue la primera persona que me sugirió seriamente que escribiera un libro sobre la curiosidad. Me había llevado a su programa internacional de la PBS (cadena estadounidense de televisión pública) para hablar sobre curiosidad, y al acabar me dijo: «Deberías hacer un libro sobre esto».

De eso hace diez años. Charlie Rose fue quien plantó la semilla. Ron Howard, que conocía la enorme gama de conversaciones basadas en la curiosidad, me había animado ocasionalmente a que escribiera un libro, creía que en todos esos años de hablar con la gente cabía mucha diversión y conocimiento.

Pero yo siempre me sentía un tanto incómodo con la idea, me parecía que un libro sobre mi curiosidad podría parecer vanidoso y no interesar a nadie.

En el 2101, una tarde, mientras hablaba sobre mis conversaciones basadas en la curiosidad con Bryan Lourd, uno de mis agentes, me dijo: «¿Por qué no escribes un libro sobre todo eso?». Richard Lovett, compañero de Bryan en la CAA, me había sugerido lo mismo. Le dije que me parecía que no sería un libro muy interesante. Bryan me contestó: «No, no un libro sobre *tu* curiosidad, un libro sobre el camino que has emprendido con la curiosidad de compañera. Un libro sobre la *curiosidad,* pero no como un tipo de logro, sino como algo que tú utilizas para explorar el mundo».

Esta reestructuración de la idea –un libro no sobre mi curiosidad sino sobre lo que la curiosidad me ha permitido hacer, sobre lo que la curiosidad puede permitir a todos–, hizo que me replanteara el concepto de ésta.

No deseaba escribir un libro sobre la gente con la que había conversado, deseaba utilizar las conversaciones para escribir una historia: la historia del firme descubrimiento del poder de la conversación en mi vida.

En el libro hablo de mi abuela, Sonia Schwartz, que inspiró y alimentó la curiosidad en mí cuando era un crío. Ya de adulto, ha habido en mi vida mucha gente igualmente importante que ha fomentado mi estilo curioso.

El primero de esa gente es en realidad Ron Howard, mi colega profesional más cercano de hace más de treinta años, mi socio empresarial en Imagine Entertainment y mi mejor amigo. Ron es mi caja de resonancia, mi apoyo, mi conciencia, y nunca nunca, deja de fomentar mi curiosidad.

Michael Rosenberg nos ha ayudado a Ron y mí a hacer películas formalmente durante veintiséis años. A veces tenemos en marcha quince o veinte proyectos a la vez, y estoy seguro de que Michael no pensaba en añadir un libro –lo que supone añadir más horas de trabajo a la semana–, a todas nuestras tareas. Sin embargo, desde un principio ha sido un defensor entusiasta del libro, y ha sabido cómo incorporar elegantemente *Una mente curiosa* a todo lo que estábamos haciendo. Sin la lealtad de Michael, sin su determinación y su dirección pausada, hubiéramos estado perdidos.

Karen Keheala Sherwood fue la primera persona que me ayudó a organizar las «conversaciones con curiosidad» enfrentándose a un trabajo que yo había hecho para mí mismo durante años. Tomó la misma determinación para conseguir gente con la que hablar que yo había tomado, pero ella amplió enormemente el abanico. Aportó profesionalidad a esas conversaciones, e hizo que mis prioridades fueran las suyas, cosas por las que le estaré eternamente agradecido.

Después de Karen, fueron muchos los ejecutivos y ayudantes que me ayudaron a seguir con mis conversaciones durante muchos años.

En el 2006, Brad Grossman formalizó el proceso de las «conversaciones con curiosidad». Dio a las conversaciones profundidad y forma, y se tomó un interés tan sincero en nuevas gentes y nuevos temas que eso me llevó a conocer gente que nunca hubiera conocido por mí solo.

En Imagine encontré la ayuda y la orientación indispensable de mucha gente, como Erica Huggins, Kim Roth, Robin Ruse-Rinehart Barris, Anna Culp y Sage Shah. Hilary Messenger y Lee Dreyfuss me ayudaron día tras día.

Quiero dar las gracias también a mis hermanos, Nora y Gavin, que son quienes más han escuchado mis preguntas, me han conectado dichosamente con el mundo real y con el mundo en el que hemos crecido.

Mis hijos son la alegría de mi vida. Riley, Sage, Thomas y Patrick son los mejores guías de la curiosidad que he tenido, cada uno de ellos me ha llevado a universos que no habría visitado nunca sin ellos.

Estoy agradecido a Veronica Smiley, mi prometida, por ser una compañera tan cariñosa y compasiva; su curiosidad añade a mi vida entusiasmo y diversión, y también al libro.

En cuanto al proceso de hacer posible la idea de llevar el tema de la curiosidad a un libro impreso, estoy en deuda con Simon Green, de CAA, por su labor en la publicación de esta obra.

Jonathan Karp, presidente y editor de Simon & Schuster, supo entender desde un principio el tipo de libro que yo quería, y desde la primera chispa que prendió la idea hasta el proceso de edición, me ha prestado su apoyo incondicional como editor y ha mantenido una clara visión de la obra y sus posibilidades, lo cual me ha permitido centrarme en la tarea.

También en Simon & Schuster tengo que agradecer a Sydney Tanigara su cuidadoso y detallado trabajo de edición, el libro ha ganado mucho gracias a ella. En Simon & Schuster nos han ayudado mucho Megan Hogan, en las oficinas de Jonathan Karp; Cary Goldstein y Kellyn Patterson, en publicidad; Richard Rhorer y Dana Trocker en *marketing*; Irene Kheradi, Gina DiMascia y Jef Caplan en la dirección editorial; Jackie Seow, Christopher Lin y Joy O'Meara en el departamento de arte y diseño; y Lisa Erwin y Carla Benton en edición y producción.

Finalmente, quiero dar las gracias al coautor y colaborador de este libro, Charles Fishman, un reconocido periodista del país. Hace preguntas como medio de vida, y hace preguntas sobre la curiosidad que nunca se me habrían ocurrido a mí. Yo sabía cuánto trabajo hay detrás de una película o de un programa de televisión, pero no tenía ni idea de todo el trabajo que hay detrás de un libro. Charles ha hecho un trabajo extraordinario al transformar nuestras conversaciones con curiosidad en una narrativa totalmente original. A veces iniciamos nuestras llamadas telefónicas con el saludo «¡El potentísimo pez!».* Eso es lo que él ha sido.

Charles Fishman. La primera vez que oí hablar del proyecto de Brian Grazer fue cuando mi agente, Raphael Sagalyn, me llamó y me dijo: «Te voy a decir sólo una palabra, veamos si esa palabra te parece una idea para un libro que te pueda interesar; la palabra es "curiosidad"».

Me convenció de inmediato. Hay pocas palabras tan atractivas e importantes como ésa. Después, Rafe me dijo que el autor del libro era Brian Grazer, el productor galardonado por la Academia Norteamericana de Cinematografía.

Quiero agradecerle a Brian la oportunidad que me ha dado de entrar en su mundo y de pensar en la curiosidad de un modo que nunca antes había tenido en consideración. Brian es un maestro contando historias, y ha sido fascinante, divertido y esclarecedor trabajar con él día tras día en dar vida a la curiosidad. Su firme creencia en el poder de la curiosidad para mejorar la vida de los demás ha supuesto una gran inspiración para mí.

También quiero agradecer a Jonathan Karp por pensar que este proyecto podría interesarme. Su apoyo, desde las primerísimas conversaciones sobre la estructura del libro hasta la edición final, ha sido indispensable. Sydney Tanigawa, nuestra editora en Simon & Schuster, ha sido extraordinariamente paciente y muy perspicaz.

Este libro no se habría escrito sin el equipo de Imagine Entertainment, nadie ha dudado ni un momento en prestarnos su ayuda ni ha dejado de responder una sola petición. Gracias a Ron Howard, Michael Rosenberg, Erica Huggins, Kim Roth, Robin Ruse- Rinehart Barris, Anna Culp, y Sage Shah. Hillary Messenger y Lee Dreyfuss me

---

* Broma a partir de un juego de palabras con el apellido Fishman: *fish* es «pescado» en inglés. *(N. de la T.)*

ayudaron a estar conectado con Brian, y su buen humor no falló ni una sola vez.

Ningún libro puede darse por terminado sin el consejo de Rafe, la orientación de Geoff, o la paciencia y el apoyo de Trish, Nicolas y Maya. Mis mejores conversaciones con curiosidad empiezan y acaban con ellos.

Notas

Introducción

1. Carta de Albert Einstein a su biógrafo Carl Seeling, 11 de marzo de 1952, citada en Alice Calaprice, ed. The Expanded Quotable Einstein. Princenton, Nueva Jersey: Princenton University Press, 2000.

Capítulo 1

1. Esta cita –quizás la más aguda sobre el poder de la curiosidad–, se atribuye por lo general a la escritora y poeta Dorothy Parker, pero no existe ninguna fuente académica ni ningún dato *on line* que testifique cuando Parker la dijo o la escribió. En ocasiones, la cita se atribuye a una persona llamada Ellen Parr, pero tampoco hay datos que lo certifiquen o aporten información sobre E. Parr. Las dos frases tienen el particular juego de palabras tan característico del modo de expresarse de Parker.

2. Para menores de 30 años, las compañías telefónicas solían ofrecer servicios muy beneficiosos. Si necesitabas un número de teléfono no tenías más que marcar en tu teléfono el 4-1-1 y una operadora te lo buscaba, y también la dirección.

3. Cuarenta años después, el número de teléfono principal de la Warner Bros., sigue siendo el mismo, aunque ahora también hay que añadir el código de la zona: (818) 954-6000.

4. ¿Qué tipo de personaje era Sue Mengers? Era grande, imponente. En el año 2013 se estrenó en Broadway una obra sobre su vida llamada I'll Eat You Last.

5. Google informa de que el promedio de búsquedas diarias en 2013 fue de 5.922.000.000. Es decir de 4.112.000 por minuto. www.statisticbrain.com. Según datos consultados el 10 de octubre de 2014.

6. En la serie televisiva Dallas, de la CBS, la pregunta ¿quién mató a JR? hizo que la serie tuviera uno de los finales con mayor suspense de la narrativa moderna, fue una campaña extraordinaria en cuanto a crear curiosidad. El actor Larry Hagman, que interpretaba el papel de JR Ewing en la serie, recibió un disparo en la ficción, en el último capítulo de la temporada 1979-80, que se emitió el 21 de marzo de 1980, pero hasta ocho meses más tarde, en el episodio emitido el 21 de noviembre de 1980, no se reveló qué personaje de la serie le había disparado. El *marketing* –y la curiosidad– y el suspense llegó a tal extremo que los profesionales de las apuestas hicieron su agosto con la pregunta ¿quién mató a JR? Las bromas llegaron hasta la campaña presidencial de 1980 entre Jimmy Carter y Ronald Reagan. Los republicanos hicieron chapas que decían: «Los demócratas mataron a JR». El presidente Carter bromeó diciendo que no hubiera tenido problemas de financiación de haber sabido quién había matado a JR. La CBS filmó cinco escenas, y en cada una de ellas era un personaje diferente el que disparaba a JR. En el episodio del 21 de noviembre se reveló que fue Kristen Shepard, la amante de JR., la asesina (content.time.com/time/magazine/article/0,9171,924376,00.htm≠paid-wall, del 10 de octubre de 2014). Si eres curioso, el bote de Power Ball –la lotería de 45 estados norteamericanos– fue de 590,5 millones de dólares, y lo ganó Gloria C. Mackenzie con un solo boleto el 18 de mayo de 2013, un boleto que compró en el supermercado Publix de Zephyrhills de Florida (www.npr.org/blogs/thetwoway/2013/06/05/189018342/84-year-old-woan-claims-powerballjackpot, del 10 de octubre de 2014).

7. Los adultos no saben cómo responder a la pregunta ¿por qué el cielo es azul? Si bien es una pregunta sencilla y una experiencia igual de sencilla, la respuesta en sí es complicada. El cielo es azul debido a la composición de la luz que lo forma. La longitud de onda de la luz azul es más fácil de dispersar por las partículas del aire que la de los otros colores, y cuando los rayos de luz pasan del sol a la Tierra, la luz azul que pasa a través de la atmósfera se dispersa y vemos esa dispersión como si todo el cielo fuera azul. El color azul se desvanece a mayor altura en la atmósfera. En un avión de pasajeros que vuela a seis millas de altura (unos 9,6 kilómetros), el azul ya se ve un poco diluido, y si uno mira hacia arriba mientras vuela más alto, el cielo empieza a verse de color negro, el negro del espacio. Y cuando no hay luz solar, el cielo no se ve azul, por supuesto. El color azul desaparece cuando el Sol se pone.

8. Génesis 2, 16-17. La cita es de la nueva versión internacional de la Biblia, www.biblegateway.com, del 18 de octubre de 2014.

9. Génesis 3, 4-5. NIV.

10. Génesis, 3:6. NIV.

11. Génesis, 3:7. NIV.

12. Se trata de una extraordinaria producción hecha en estudio, con un impacto cultural y gran calidad, y realizada en muy poco tiempo. Las películas en orden cronológico fueron:
    —*La naranja mecánica*, de 1971 (cuatro nominaciones a los Óscar de la Academia de Hollywood).
    —*Harry el Sucio*, 1971.
    —*Defensa*, 1972 (tres nominaciones a los Óscar de la Academia de Hollywood).
    —*El exorcista*, 1973 (dos Óscar y tres nominaciones de la Academia de Hollywood).
    —*Sillas de montar calientes*, 1974 (tres nominaciones de la Academia de Hollywood).
    —*El coloso en llamas*, 1974 (Tres Óscar y ocho nominaciones de la Academia de Hollywood).
    —*Tarde de perros*, 1975 (un Óscar y seis nominaciones de la Academia de Hollywood).
    —*Todos los hombres del presidente*, 1975 (cuatro Óscar y ocho nominaciones de la Academia de Hollywood).

13. «A Strong Debut Helps, As a New Chief Tackles Sony's Movie Problems» (Un buen comienzo ayuda cuando un nuevo jefe aborda los problemas de Sony con las películas), Geraldine Fabrikant, *The New York Times*, 26 de mayo de 1997.

14. Cuando murió John Calley en el 2011, *Los Angeles Times* publicó una fotografía suya en la que estaba sentado en un sofá con un pie sobre una mesita.

15. En mi despacho de Imagine Entertainment había un escritorio, pero pocas veces me sentaba frente a él. Tenía dos sofás y allí era donde trabajaba, con notas sobre los cojines de un sofá o de la mesita, y un teléfono de mesa sobre el otro sofá.

16. Detente y piensa en ti durante un minuto. Independientemente de dónde trabajes, ya trabajes en el cine, en informática, en publicidad, seguros o sanidad, imagina que decides que durante los próximos seis meses vas a conocer cada día una nueva persona, no para conversar con ella horas y horas, sólo para charlar durante cinco minutos. Al cabo de seis meses, conocerías a 150 personas nuevas relacionadas con tu mismo tipo de trabajo. Si apenas un 10 por 100 de esas personas tuviera algo que ofrecerte —puntos de vistas, ayuda para un proyecto, conexiones—, eso significaría 50 nuevos aliados.

17. Artículo del *New Yorker*, en la sección «Talk of the Town»: «Want Add: Beatiful Minds», de Lizzie Widdicombe, 20 de marzo de 2008.

18. En la lista de las personas más ricas del mundo, publicada en la revista *Forbes,* Carlos Slim era el número 1 de esa lista cuando le conocí, a finales del 2014. Los tres primeros de la lista, Slim; Bill Gates, el fundador de Microsoft; y Warren Buffet, el inversor, van intercambiándose los puestos según varía el mercado de valores.

Capítulo 2

1. La frase de Vladimir Nabokov es: «La curiosidad es insubordinación en su forma más pura». La fase proviene de su novela *Bend Sinister (Barra siniestra,* Editorial RBA).

2. El Presidente Bush utilizó el discurso para denunciar los disturbios, de los que dijo que no eran por «los derechos civiles, ni un mensaje de protesta», sino que era simplemente una movilización brutal. Pero también se pronunció a cerca de las paliza a Rodney King: «Lo que han visto y yo he visto en TV es algo repugnante. Siento indignación, siento dolor. ¿Cómo puedo explicar eso a mis nietos?». El texto de Bush del 1 de mayo de 1992 está en este link: www.presidency. ucsb.edu/ws/?pid=20910, obtenido el 10 de octubre de 2014.

3. Tras la paliza de Rodney King, antes de que los policías fueran juzgados, hubo una comisión investigadora que estudió la actuación del Departamento de Policía de Los Ángeles, fue bajo el mandato de Gates y éste anunció su dimisión en el verano de 1991. Después, pospuso su dimisión varias veces, e incluso amenazó posponer su retirada después de que su sucesor, Willie Williams, jefe en Filadelfia, fuera contratado para el puesto.
   He aquí varias versiones sobre la reacia postura de Gates a renunciar de su cargo:
   Robert Reinhold, «Jefe de Policía de Filadelfia elegido para el cargo de jefe de Policía en Los Ángeles», *The New York Times,* 16 de abril de 1991. www. nytimes.com/1992/16/us/head-of-police-in-philadelphia-chose-for-chief-in-los-angeles.html. Información obtenida el 10 de octubre de 2014.
   Richard A. Serrano y James Rainey, «Gates Says He Bluffed Staying, Lashes Critics», *Los Angeles Times,* 9 de junio de 1992. articles.latimes.com/1992-06-09/news/mn-188_1_police-department, información obtenida el 10 de octubre de 2014.
   Richard A. Serrano, «Williams Takes Oath as New Police Chief», *Los Angeles Times,* 27 de junio de 1992, artticles.latimes.com/1992-06-27/news/mn-828_1_police-comission. Información obtenida el 10 de octubre de 2014.

4. Daryl Gates era un protegido de William H. Parker, el hombre que dio nombre a los cuarteles generales de la vieja LAPD. A principio de su carrera profesional, cuando era un joven policía, Gates fue asignado chófer personal de Parker, un puesto desde el que Gates vio de cerca y aprendió el uso y abuso de la autoridad. Posteriormente, Gates pasó a ser oficial ejecutivo a las órdenes de Parker. Éste fue el jefe de Policía que más años estuvo en el cargo (de 1950 a 1966: 16 años); Gates fue el segundo jefe de Policía con más años en el cargo: catorce.

5. Los novelistas y los pintores pueden recrear los mismos temas y personajes una y otra vez: existen muchas colecciones de libros que incluyen los mismos personajes y temas muy similares. Los actores, directores y otros personajes de Hollywood deben de rehuir de eso por miedo a que los encasillen o que «caigan en la rutina».

6. Hablé con Michael Scheuer poco después de que dejara la CIA en 2004, cuando salió publicado su libro *Imperial Hubris (Orgullo imperial)* acerca de lo que es estar al frente de una línea operativa. Para tener una versión sobre el punto de vista de Scheuer desde entonces, léase a David Frum en el *Daily Beast* del 3 de enero de 2014: «Michael Sheuer's Meltdown», www.thedailybest.com/articles/2014/01/03/michael-scheuer-s-melt-down.htlm.

7. Esta lista proviene el obituario de Lew Wasserman en *The New York Times,* que murió el 3 de junio de 2002. «Ha muerto Lew Wasserman de 89 años de edad, el último de los magnates de Hollywood», por Jonathan Kandell, *The New York Times*, 4 de junio de 2002. http://www.nytimes.com/2002/06/buainess/lew-wasserman-89-is-dead-last-of-hollywood-s-moguls.html.

8. La gente ha querido comer y beber en el interior de los coches desde que las carreteras empezaron a asfaltarse, pero el modo de beber de manera segura en los coches llegó en los años cincuenta con el invento de los «drive-in hamburger stand» (puestos para comer sin salir del coche) y de los sujetavasos. Para más información sobre este invento, véase: Sam Dean «Historia del sujetavasos del coche», *Bon Appetit,* 18 de febrero de 2013. www.bonapetit.com/trends/article/the-history-of-the-car-cup-holder.

9. La historia de Paul Brown, que se imaginó a sí mismo como silicona líquida y así descubrió la manera idear la botella que se vende boca abajo gracias a una válvula, un invento que se vio primero en las botellas de champú y luego en las de kétchup. www.mcclatchydc.com/2007/0628/17335/ketchup-is-better-with-upside.html.

10. Bruce Brown y Scott D. Anthony: «How P&G Tripled Its Innovation Success Rate», *Harvard Business Review,* junio de 2011. wwwhb-sclubwdc.net/images.htm?file_id=xtypsHwtheU%3D.

11. Sam Walton cuenta la historia de la creación de Wal-Mart y sus prácticas económicas, su curiosidad y su autobiografía, *Made in America* (Nueva York: Bantam Books, 1993 con John Huey). La curiosidad de Walton fue legendaria. Un compañero recuerda un encuentro con Walton y dice «Sabía cómo extraer todo tipo de información que uno tuviera».

La palabra «curiosidad» aparece dos veces en las 346 páginas del libro de Walton, concretamente en una cita de su esposa, Helen, en la que ella describe su aversión a ser una figura pública: «Lo que odio es ser objeto de la curiosidad. La gente siente curiosidad por todo, y formamos parte de todas las conversaciones públicas. Me enerva tan sólo pensar en ello, lo odio» (p. 98). La otra vez que habla de la curiosidad es para explicar su sorpresa al comprobar lo bien que le recibían sus competidores del ramo cuando acudía a ver cómo llevaban sus negocios. «Enseguida me dejaban pasar, quizás por curiosidad» (p. 104). Walton no utilizó la palabra para dar crédito a su propia curiosidad.

12. La frecuencia de las palabras «creatividad», «innovación» y «curiosidad» en los medios de comunicación norteamericana proviene de las base de datos Nexis en el apartado «Publicaciones y medios de comunicación de EE.UU.», iniciada el 1 de enero de 1980. A medida que las palabras aparecían con más frecuencia, los registros de Nexis se hacían semana a semana de enero a junio de cada año para tener un recuento representativo.

Capítulo 3

1. Jonathan Gottschall, *The Storytelling Animal* (Nueva York: Houghton Mifflin, 2012), 3.

2. Si tecleas en Google la frase «billion-dollar film franchises» (franquicias de películas de gran éxito) verás una lista de los tipos de Nash Information Services, una gente que registra las noticias de la industria del cine y los datos basados en los resultados financieros de las películas en una publicación llamada *The Numbers* (Los números). La lista Nash de «franquicias» muestra que en el registro de taquilla de EE.UU., 14 series de películas habían recaudado 1000 millones o más de dólares. Si incluimos las ventas internacionales, los números son mucho mayores. En total, 47 series han recaudado más de 1000 millones de dólares. La lista actualizada está aquí: www.the-numbers.com/movies/franchises/, visitada el 18 de octubre de 2014. Según la página web The Numbers, las películas que he producido en los últimos 35 años han recaudado 5.647.276.060 dólares. Según se detalla en: www.the-numbers.com/person/208890401-Brian-Grazer# tab=summary, visitada el 18 de octubre de 2014.

3. ¿Qué partes de la película *Apolo 13* se apartan de la realidad? Si eres curioso, he aquí unas cuantas páginas web que contestan a esta pregunta, incluyendo también una larga entrevista con T. K. Mattingly, el astronauta que en el último minuto quedó descartado del proyecto porque había estado expuesto a la rubeola: Ken Mattingly sobre la película *Apolo 13*: www.universetoday.com /101531/ ken-mattingly-explains-how-the-apollo-13-movie-differed-from-real-life, visitada el 18 de octubre de 2014.

   De la página web oficial de historia oral de la NASA: www.jsc.nasa.gov/history /oral_histories/MattinglyTK/MattinglyTK_11-6-01.htm, visitada el 18 de octubre de 2014.

   De la página Space.com, «Apollo 13: Facts About NASA's Near Disaster» (Apolo 13: Hechos sobre la casi catástrofe de la Nasa): www.space.com/17250-apollo-13-facts.html, visitada el 18 de octubre de 2014.

4. «How Biblically Accurate is *Noah?*» (¿Hasta qué punto *Noé* refleja fielmente el relato bíblico?), Miriam Krule, Slate, 28 de marzo de 2014, www.slate.com/ blogs/browbeat/2014/03/28/noah_movie_biblical_accuracy_how_the_darren_aronofsky_movie_departs_from.html, visitada el 18 de octubre de 2014.

5. ¿Cómo descubrió la radio pública NPR que sus oyentes permanecían en el coche, sin apearse de él, atentos a la historia que estaban contando hasta que hubiera terminado? Un antiguo ejecutivo del departamento de noticias de la NPR me dijo que la emisora recibe cartas (y no correos electrónicos) de sus lectores diciendo que cuando van a casa no entran de inmediato, sino que se quedan en el coche hasta que finaliza la historia que están escuchando.

6. Si no eres un oyente asiduo de la NPR y no sabes qué es sentirse tan subyugado por una historia radiofónica que no puedes salir del noche, he aquí unas cuantas historias de la NPR que reflejan esos momentos. Escucha una o dos. Las encontrarás en: www.npr.org/series /700000/driveway-moments, visitada el 18 de octubre de 2014.

Capítulo 4

1. James Stephens (1880-1950) fue un popular poeta y novelista islandés de principios del siglo xx. La frase es de *La olla de oro* (Madrid: Siruela, 2006).

   La frase entera, comentada posteriormente en el capítulo, es ésta: «La curiosidad vence al miedo más fácilmente que el valor; en efecto, ha llevado a mucha gente a enfrentarse a peligros a los que con el simple coraje físico no se habrían enfrentado, pues el hambre, el amor y la curiosidad son grandes fuerzas impulsoras de la vida». La muerte de Stephens mereció un largo obituario en *The New York Times*: query.nytimes.com/mem/archive-free/pdf?res=9905E3DC103EE-F3BBC4F51DFB467838B649EDE, visitada el 18 de octubre de 2014.

2. La productividad literaria de Isaac Asimov es tan impresionante que el obituario de *The New York Times* llegó a detallar década a década los libros que había escrito. Mervyn Rothstein, «Isaac Asimov, Whose Thoughts and Books Traveled the Universe, Is Dead at 72» (Isaac Asimov, cuyos pensamientos y libros circularon por el universo, ha muerto a los 72 años de edad), *The New York Times*, 7 de abril de 1992, www.nytimes.com/books/97/03/23/lifetimes/asi-v-obit.html, visitada el 18 de octubre de 2014. Hay un catálogo *online* de todos los libros que escribió Asimov, compilado por Ed Seiler, supuestamente revisado por Asimov: www.asimovonline.com/oldsite/asimov_catalogue.html, visitada el 18 de octubre de 2014.

3. Al reconstruir este encuentro, intercambiamos correos electrónicos con Janet Jeppson Asimov acerca de mi breve visita realizada 28 años antes. Ella no lo recordaba y se disculpó por cualquier posible brusquedad. Me dijo también que si bien en aquel entonces no se había hecho público, Isaac Asimov ya estaba enfermo del virus del sida que seis años más tarde acabaría con él. Janet Asimov dijo que su impaciencia en aquellos momentos pudo muy bien haber sido el resultado –totalmente comprensible– del deseo de proteger a su marido.

4. La historia que publicó *The New York Times* sobre el prostíbulo situado en la morgue de Nueva York es tan divertida como la que yo recuerdo, y es prácticamente el esbozo del guion de una película. Se publicó el 28 de agosto de 1976, al lado de las esquelas de la sección «Metro». La primera frase contaba que los hombres que llevaban el prostíbulo «a menudo conducían a las prostitutas a los clientes en el coche oficial de la morgue». El periódico no informó nunca de lo que sucedió con el juicio incoado contra estos hombres, y tampoco lo hizo ningún otro medio. He aquí la historia original (PDF): query.nytimes.com/mem/archive/pdf?res=F20617FC3B5E16738DDDA10A94D0405B868BF1D3, visitada el 18 de octubre de 2014.

5. La periodista y ejecutiva cinematográfica Beverly Gray, en su biografía de Ron Howard, describe detalladamente la creación de las películas *Turno de noche* y *Splash*: *Ron Howard: From Mayberry to the Moon… and Beyond* (Nashville, Tennessee: Rutledge Hill Press, 2003).

6. *Newsweek* publicó una historia sobre la venta de derechos de ¡*Cómo el Grinch robó la Navidad!* *(El Grinch)*: «The Grinch's Gatekeeper», 12 de noviembre de 2000, www.news week.com/grinchs-gatekeeper-156985, visitada el 18 de octubre de 2014. La matrícula «GRINCH» de Audrey quedó registrada en un perfil de Associated Press de 2004, el año en que Theodor Geisel habría cumplido 100 años: «A Seussian Pair of Shoulders», de Michelle Morgante, Associated Press, 28 de febrero de 2004, publicado en *Los Angeles Times*, articles.latimes.com /2004/feb/28/entertainment/et-morgante28, visitada el 18 de octubre de 2014. Que el doctor Seuss había utilizado la matrícula «GRINCH» queda reflejado

en la biografía que de él hizo Charles Cohen: *The Seuss, the Whole Seuss, and Nothing but the Seuss: A Visual Biography of Theodore Seuss Geisel* (Nueva York: Random House, 2004), 330.

7. La película *The Grinch* del Dr. Seuss fue un gran éxito taquillero en las navidades del año 2000. Estuvo cuatro semanas como la película más taquillera del país, y aunque no se estrenó hasta el 17 de noviembre, fue la película que más recaudación obtuvo en el año 2000 (llegando a alcanzar unos 345 millones de dólares), y es el segundo mayor éxito navideño después de *Solo en casa*. *El Grinch* tuvo tres nominaciones a los Óscar por diseño de vestuario, maquillaje y dirección artística, ganando finalmente el óscar al mejor maquillaje.

8. Las cifras de ventas de los libros de Theodor Geisel en 2013 salieron publicadas en el *Publisher's Weekly*: www.publishersweekly.com/pw/by-topic/childrens/childrens-industry-news/article/61447-for-children-s-books-in-2013-divergent-led-the-pack-facts-figures-2013.html, visitada el 18 de octubre de 2014. *The New York Times* cifró el total de ventas de Seuss en 600 millones de copias en el 75.º aniversario de la publicación de *Y pensar lo que vi en la calle Porvenir*: Michael Winerip, «Mulberry Street May Fade, But "Mulberry Street" Shines On», 29 de enero de 2012, www.nytimes.com/2012/01/30/education/dr-seuss-book-mulberry-street-turns-75.html, visitada el 18 de octubre de 2014.

A menudo se repite la historia de que Geisel fue rechazado 27 veces antes de que se publicara su primer libro, pero vale la pena conocer los detalles. Geisel dice que iba camino de casa, frustrado por el 27.º rechazo, con el manuscrito y los dibujos para *Calle porvenir* bajo el brazo, cuando se encontró en la avenida Madison de Nueva York con un conocido de sus años de estudiante en la Dartmouth College. Mike McClintock le preguntó que qué llevaba. «Es un libro que nadie quiere publicar –le dijo Geisel–. Lo voy a quemar». McClintock acababa de ser nombrado editor de libros infantiles en la editorial Vanguard, le invitó a que fuera a su despacho y allí le compraron los derechos ese mismo día. Cuando salió el libro publicado, el famoso crítico del *New Yorker*, Clifton Fadiman, lo resumió en una única frase: «Dicen que es para niños, pero cómprese un ejemplar y maravíllese con las imágenes insólitas del bueno del Dr. Seuss y la moraleja del chiquillo». Geisel diría más tarde, refiriéndose a aquel encuentro con McClintock en la calle, «Si no hubiera pasado aquel día por la avenida Madison, hoy estaría en el negocio de las lavanderías».

La historia del encuentro de Geisel con McClintock en la avenida Madison la explican muy bien Judith y Neil Morgan en: *Dr. Seuss & Mr. Geisel: A Biography* (Nueva York: Da Capo Press, 1995), 81-82.

9. James Reginato, "El magnate: Brian Grazer, cuyas películas han recaudado 10.500 millones de dólares, es sin duda el productor de más éxito y seguramente el más reconocido. ¿Será su pelo?" W magazine, 1 de febrero de 2004.

10. *The New York Post* publicó un breve relato sobre el viaje a Cuba: «Castro Butters Up Media Moguls» (Castro da jabón a los magnates de los medios), 15 de febrero de 2001.

Capítulo cinco

1. Brené Brown es profesora investigadora de la Graduate College of Social Work de la Universidad de Houston. Sus investigaciones se centran en la vergüenza y la vulnerabilidad y es autora de varios libros muy vendidos. Se autocalifica de «investigadora y cuentacuentos» y a menudo dice que «tal vez los relatos no sean más que datos con alma». Su conferencia en TEDxHouston de junio de 2010 –«El poder de la vulnerabilidad»– es la cuarta conferencia de TED más veces reproducida, con 17 millones de reproducciones a finales de 2014: www.ted. com/talks/brene_brown_on_vulnerability, visitada el 18 de octubre de 2014.

2. Bianca Bosker, «Google Design: Why Google.com Homepage Looks So Simple» (Diseño Google: Por qué la portada de Google.com parece tan sencilla), *Huffington Post*, 27 de marzo de 2012, www.huffingtonpost.com/2012/03/27/ google-design-sergey-brin_n_1384074.html, visitada el 18 de octubre de 2014.

3. De la página web poliotoday.org. La sección de historia, con el impacto cultural y las estadísticas, está aquí: poliotoday.org/?page_id=13, visitada el 18 de octubre de 2014.
   La página web poliotoday.org la ha creado y la administra la organización de investigación de Jonas Salk, el Salk Institute for Biological Studies.

4. Esta lista de supervivientes de la poliomielitis se basa en la compilación de Wikipedia, que contiene referencias a las fuentes con respecto a cada persona de la lista: enwikipedia.org/wiki/List_of_poliomyelitis_survivors, visitada el 18 de octubre de 2014.

5. He aquí un relato del desarrollo a menudo controvertido de la vacuna de la poliomielitis: www.chemheritage.org/discover/online-resources/chemistry-in-history/themes/pharmaceuticals/preventing-and-treating-infectious-diseases/salk-and-sabin.aspx, visitada el 18 de octubre de 2014.

6. Harold M. Schmeck, Jr., «Dr. Jonas Salk, Whose Vaccine Turned Tide on Polio, Dies at 80» (El doctor Jonas Salk, cuya vacuna cambió el curso de la poliomielitis, ha muerto a los 80 años de edad), *The New York Times,* 24 de junio de 1995, www.nytimes.com/1995/06/24/obituaries/dr-jonas-salk-whose-vaccine-turned-tide-on-polio-dies-at-80.html, visitada el 18 de octubre de 2014.

Capítulo 6

1. Carl Sagan dijo esto en una entrevista televisada con Charlie Rose, 27 de mayo de 1996, *The Charlie Rose Show,* PBS. La entrevista completa está disponible en YouTube: www.youtube.com/watch?v=U8HEwO-2L4w, visitada el 18 de octubre de 2014. En el momento de la entrevista, al astrónomo y escritor Sagan ya estaba enfermo de cáncer de médula ósea. Murió seis meses más tarde, el 20 de diciembre de 1996.

2. Denzel Washington dijo que sólo actuaría en *American Gangster* si, al final, el personaje que él interpretaba, el traficante de drogas Frank Lucas, era castigado.

3. En el mercado de valores Nasdaq, el indicador de Imagine era IFEI (Imagine Films Entertainment Inc.).

Capítulo 7

1. Del libro de 1951 de Arthur C. Clarke, donde predijo el futuro de la era espacial: *The Exploration of Space* (NuevaYork: Harper and Brothers, 1951), cap. 18, p. 187.

2. Las abejas son sorprendentemente rápidas: vuelan a una velocidad de unos 24 kilómetros por hora, y si hace falta pueden llegar a los 32, de modo que son tan rápidas como un coche que circula despacio, pero de cerca, debido a su pequeño tamaño, parece que vayan muy rápido. Más sobre la velocidad que alcanzan las abejas en esta página de la Universidad de California: ucanr.edu/blogs/blogcore/postdetail.cfm?postnum=10898, visitada el 18 de octubre de 2014.

3. Una excelente biografía científica de Robert Hooke: Michael W. Davidson, «Robert Hooke: Physics, Architecture, Astronomy, Paleontology, Biology» (Robert Hooke: física, arquitectura, astronomía, paleontología, biología), Lab Medicine 41, 180-182. Disponible *online* en: labmed.ascpjournals.org/content/41/3/180.full, visitada el 18 de octubre de 2014.

4. La curiosidad como «impulso criminal», de Barbara M. Benedict, en el libro *Curiosity: A Cultural History of Early Modern Inquiry* (La curiosidad: historia cultural de la temprana investigación moderna), Chicago: University of Chicago Press, 2001, p. 25.

5. Beina Xu, «Media Censorship in China» (La censura de los medios de comunicación en China), *Council on Foreign Relations*, 12 de febrero de 2014, www.cfr.org/china/media-censorship-china/p11515, visitada el 18 de octubre de 2014.

6. La cita de Karl Marx se malinterpreta a menudo como «la religión es el opio del pueblo». El contexto de la cita es revelador, pues Marx estaba refiriéndose a la opresión y miseria de la clase trabajadora, que según él la religión trataba de ocultar y justificar. La cita completa, que proviene de la *Crítica de la filosofía del derecho de Hegel,* dice así: «La desgracia de la religión es a la vez expresión de la miseria real y protesta contra ella. La religión es la queja de la criatura oprimida, el corazón de un mundo sin corazón y el alma de una situación desalmada. Es el opio del pueblo.

»La abolición de la religión como felicidad ilusoria del pueblo es indispensable para su verdadera felicidad. La exigencia de que abandone las ilusiones sobre su condición es la exigencia de abandonar una condición que requiere ilusiones. Por consiguiente, la crítica de la religión es la crítica embrionaria del valle de lágrimas que la religión santifica».

Índice analítico

Índice

David Niven

Cómo resolver problemas irresolubles

El sencillo
camino del
problema a la
respuesta

EDICIONES OBELISCO

En el trabajo, en la escuela, en casa, en la vida cotidiana, cada día nos trae nuevos retos que debemos resolver, y el problema que conllevan los problemas es que éstos siempre intentan salirse con la suya. Los conflictos importantes suelen consumir nuestro tiempo, controlar nuestros pensamientos, decirnos qué podemos hacer y qué no, y todo ello nos impide hallar una respuesta. El psicólogo y sociólogo David Niven nos muestra un nuevo camino para encontrar soluciones, un camino que consiste simplemente y, durante un momento, en dejar de lado los problemas.

Cómo resolver problemas irresolubles nos muestra la manera de transformar nuestras vidas con un principio sencillo pero sólido: si empiezas a dar vueltas a tus problemas nunca hallarás una solución, pero si los abordas pensando en una solución, nunca más volverás a preocuparte de ellos.

Gracias a las anotaciones personales de John Lennon, a la expansión de *Trader Joe's* (cadena estadounidense de comestibles), a la filmación de la película Tiburón, a la búsqueda del FBI del gánster Whitey Bulger etcétera, el autor muestra unas magníficas soluciones tras dar la vuelta a los problemas y a las formas que tenemos de resolverlos.

Esta obra, que combina la dura realidad con el sentido común y buenas dosis de humor y de ánimo, te proporcionará una forma nueva y positiva de hallar la solución a tus problemas.

Los hábitos de un cerebro feliz muestra cómo reciclar el cerebro para poner en marcha la química que genera felicidad. A través de unas sencillas actividades, la autora explica el papel de las sustancias que conforman la llamada «química de la felicidad», compuesta por serotonina, dopamina, oxitocina y endorfinas. Aprende a crear nuevos hábitos guiando la electricidad de tu cerebro para permitir que fluya hacia nuevas vías, lo que hará más fácil aún desencadenar la química de la felicidad e incrementar una agradable sensación de satisfacción cuando más lo necesites. La obra contiene numerosos ejercicios que te ayudarán a reprogramar tu cerebro y a disfrutar de una vida más dichosa y más sana.

¡Prepárate para estimular tu felicidad en sólo 45 días!